IGINO GIORDANI
GEISTLICHES TAGEBUCH

D1661612

u. Rory

Igino Giordani

Geistliches Tagebuch
1941–1968

VERLAG NEUE STADT
MÜNCHEN ZÜRICH WIEN

Titel der italienischen Originalausgabe: Diario di fuoco
© 1980 Città Nuova Editrice, Rom
Übersetzung: Hans Beyrink/Hermann J. Benning

1981, 1. Auflage
© Alle Rechte der deutschsprachigen Ausgabe
bei Verlag Neue Stadt, München 83
Umschlaggestaltung: Tiziana Lago-Schaaf
Umschlagfoto: Thomas Klann
Gesamtherstellung: Erhardi Druck GmbH Regensburg-Waldsassen
ISBN 3-87996-120-4

– Zur Einführung –
Der Lebensweg Igino Giordanis

Igino Giordani wurde am 24. September 1894 in Tivoli, östlich von Rom, geboren. Sein Vater war Maurer, seine Mutter hatte, wie er sagte, „keine Zeit für Poesie, denn sie arbeitete als Wäscherin".

Die Umgebung seiner Kindheit: das Städtchen Tivoli mit seinen schmalen, gewundenen Gäßchen zwischen hohen Häusern, Bogengängen und Mauern, und der Fluß Aniene mit seinem „unendlichen Fließen". Von diesen Orten findet man in einigen seiner Bücher – besonders in *La città murata* (Die befestigte Stadt) – eine fast fotografische Beschreibung.

Nach der Volksschule machte er eine Maurerlehre. Sein Meister wurde bald aufmerksam auf seine Fähigkeiten und seine Intelligenz. Er bot sich an, ihm die Kosten für weitere Studien zu bezahlen; zuerst im Kleinen Seminar von Tivoli und später, nachdem dieses aufgehoben worden war, am öffentlichen Gymnasium. Nach einem guten Examensabschluß mußte er eine Prüfung beim Ministerium „Grazia e Giustizia" ablegen, um ein Stipendium für das Studium an der Universität Rom zu erhalten. Schmunzelnd schreibt er selbst über das Resultat: „erster in den Studienfächern, letzter im Maschinenschreiben".

Eine wichtige Periode seines Lebens begann 1915 mit dem Eintritt Italiens in den Weltkrieg. Von Kriegshetzern öffentlich verleumdet, wurde er kurzerhand von der Armee aufgeboten und als Offizier an die Front geschickt, wo er harte Schützengrabenerfahrungen sammelte. Am 7. Juli 1916 erlitt er bei einem Gegenangriff schwere Verletzungen an Bein und Hand.

Später wurde ihm dafür eine militärische Auszeichnung verliehen. Die Verletzungen erforderten langwierige Behandlungen: 9 Monate im Spital von Mailand und weitere 3 Jahre in Rom. Er nützte diese Zeit aus, die Universitätsstudien fortzuführen. Im vierten Jahr verließ er das Krankenhaus an Krücken, um das Schlußexamen an der Universität abzulegen; danach promovierte er in den Fächern Literaturwissenschaft und Philosophie. Er heiratete Mya Salvati, ein Mädchen aus einem alteingesessenen, wohlhabenden Bürgergeschlecht von Tivoli, die den vier Kindern Mario, Sergio, Brando und Bonizza das Leben schenkte. Mit ihr zog Igino Giordani nach Rom, wo er eine Unterrichtsstellvertretung gefunden hatte. In Rom begegnete er Luigi Sturzo und wurde zuerst Mitarbeiter und später Direktor des *Popolo nuovo*, des Organs der italienischen Volkspartei. Als Journalist zeichnete er sich bald im Kampf gegen den Faschismus aus. 1925 wurde sein erstes bedeutendes Buch veröffentlicht: *La rivolta cattolica* (Der katholische Aufstand). Im selben Jahr gab er die monatlich erscheinende Zeitschrift *Parte Guelfa* heraus, die jedoch nach wenigen Nummern von der Regierung aufgehoben wurde.

Nach einem weiteren Jahr als „Professore" an einer höheren Schule nahm er ein Angebot der Vatikanbibliothek an und begab sich in die Vereinigten Staaten, um an der Columbia University von New York Bibliothekswissenschaft zu studieren. Dort stellte er eine Anthologie zeitgenössischer nordamerikanischer Schriftsteller zusammen und fand Kontakt zu bedeutenden Vertretern verschiedener christlicher Konfessionen. Nach Rom zurückgekehrt, wurde ihm die Leitung der Revision des Vatikanischen Bibliothek-Katalogs anvertraut. In der Freizeit studierte er während mehrerer Jahre mit großer Leidenschaft die griechischen und lateinischen Kirchenväter und arbeitete an einer Reihe von Übersetzungen ihrer Schriften. Im Jahre 1932 wurde ihm die Direktion der Zeitschrift *Fides* anvertraut, wo er bereits als Mitarbeiter beschäftigt war. Durch ihn wurde dieses Blatt, wie der *Osservatore Romano* schreibt, zur „lebhaftesten, attraktivsten und kämpferischsten wissenschaftlichen Zeitschrift des Katholizismus". Weiter arbeitete er bei der Zeitschrift *Frontespizio* mit, was ihm die Freundschaft mit vielen zeitgenössischen Schriftstellern, unter anderem auch mit Giovanni Papini, brachte. Das Buch, das 1933 am meisten Aufsehen erregte, war *Segno di contradizione* (Zeichen des Widerspruchs), übersetzt ins Französische, Tschechische und Spanische. Zwei Jahre später erschien das Buch *Messaggio sociale di Gesù* (Die soziale Botschaft Jesu), erster Teil zu dem später herausgegebenen *Messaggio sociale del cristianesimo* (Die soziale Botschaft des Christentums), ein Buch, das der Theologe Lagrange als „unentbehrliche Grundlage jeder wissenschaftlichen Arbeit über den sozialen Aspekt des Christentums" bezeichnete.

Seine Reise nach Amerika hatte ihm nicht nur als Ausbildung zum wissenschaftlichen Bibliothekar gedient, sondern in ihm auch eine eigentliche „ökumenische Berufung" entzündet: Er wollte aktiv zur Einheit der Kirchen beitragen. In der Zeitschrift *Fides* brachte er eine Fülle von Anregungen in dieser Richtung, die in Italien eine neue Sensibilität für die Probleme der kirchlichen Einheit schufen. Seine ökumenischen Vorstellungen konkretisierten sich 1939 im Buch *Crisi protestante e unità della Chiesa* (Protestantische Krise und Einheit der Kirche). Noch bedeutender und wirkungsvoller wird sein ökumenisches Engagement durch die Begegnung mit Chiara Lubich, der Gründerin der Fokolar-Bewegung, im Jahre 1949. Sie ernennt ihn einige Jahre später zum Verantwortlichen des ökumenischen Sekretariats der Bewegung „Centro Uno". Damit wird Igino Giordani ein wichtiger Bezugspunkt für die ökumenische Tätigkeit der internationalen Fokolar-Bewegung.

Im Laufe des zweiten Weltkrieges arbeitete Giordani im geheimen mit bedeutenden italienischen Politikern zusammen, wie z.B. mit De Gasperi, Cadorna, Bonomi. Mit ihnen berei-

tete er eine christlich konzipierte Politik der Freiheit und Gerechtigkeit vor. Anfang 1944 wurde er von Monsignore Montini, dem späteren Papst Paul VI., in die Direktion der katholischen Tageszeitung *Il Quotidiano* berufen. Mutig stellte er sich in seinen Artikeln sowohl gegen die Auffassungen des materialistischen Marxismus als auch gegen die der Bourgeoisie; er berief sich auf die Kirchenväter. Bald wurde er wegen seiner revolutionären Schriften von angesehenen Leuten angegriffen. Seine Antwort darauf wird deutlich aus einem Gespräch mit Pius XII. über diese Angelegenheit, in dem er äußerte: „Ein Christ will die Welt verändern. Aber er macht es mit Liebe und nicht mit Haß. Er arbeitet konstruktiv, nicht destruktiv". 1946 kandidierte er bei den Parlamentswahlen und wurde als Abgeordneter der Stadt Rom gewählt. 1948 wird er Direktor der Zeitung *Il Popolo*, des offiziellen Organs der „Democrazia Cristiana". 1949 zieht er nochmals als Abgeordneter ins Parlament und hält dort bei der Debatte um den Atlantikpakt eine seiner denkwürdigsten Reden. Er erklärt, daß ein Krieg in sich schon ein Versagen der Christen bedeute. Seine Interventionen innerhalb der politischen Auseinandersetzungen richten sich oft gegen die Rüstungspolitik und den Krieg. Sein Ziel ist, eine Bewegung der Demokraten aller Länder, der Freunde des Friedens aus allen Lagern und Parteien zu gründen, um – angefangen bei den Christen – eine allgemeine Abrüstung zu erreichen. Er kann diesen Plan am 21. Dezember 1950 vor das zu diesem Zeitpunkt völlig zerstrittene Parlament bringen und findet eine höchst seltene, einmütige Zustimmung.
1949 gründet er die Wochenzeitschrift *La Vita* (Das Leben) in der Absicht, damit „einen christlichen Geist in die Politik hineinzubringen". Nach seinem Rückzug aus dem politischen Alltagsgeschehen, setzt er seine literarische Tätigkeit mit religiösen Schriften und Büchern fort. So schreibt er 1952 *La divina avventura* (Das göttliche Abenteuer), das seine Begegnung mit den Fokolaren widerspiegelt, und 1967 *Maria modello perfetto*

(Maria, ein Vorbild der Vollkommenheit), ferner andere Werke zu verschiedenen sozialen und religiösen Themen. Im ganzen hat Igino Giordani an die hundert Bücher verfaßt. 1956 übernimmt er die Direktion der neugegründeten Zeitschrift *Città Nuova* (Neue Stadt), die heute in acht Sprachen mit einer Gesamtauflage von rund 200 000 Exemplaren erscheint.

Nach dem Tod seiner Frau bezieht er 1974 eine Wohnung im „Centro Mariapoli" in Rocca di Papa bei Rom, dem Zentrum der internationalen Fokolar-Bewegung. Giordani nimmt dort aktiv am Leben der Bewegung teil, setzt aber auch seine Aktivität als Schriftsteller und Journalist buchstäblich bis in seine letzten Tage fort. Am 18. April 1980 nimmt er von dieser Erde Abschied, um „jenes Haus zu bewohnen, das er mit seinem Leben aufgebaut hat". Mehrere Tausend Personen sind an seiner Beerdigung zugegen: Sie wollen Igino Giordani noch einmal dafür danken, daß er ihnen durch sein Gedankengut oder durch einfache, persönliche Beziehungen, Briefe oder mehr zufällige Begegnungen Frieden und Liebe weitergeschenkt hat.

Helmut Sievers

1941

Mai – Nur eines ist wichtig, und das absolut: Jesus Christus. Alles andere ist relativ; relativ – wohlverstanden – in der Beziehung zu ihm.

Zahlreiche Ereignisse und Menschen in deiner Umgebung verunsichern dich, weil du dein kleines Ich in den Mittelpunkt des Geschehens stellst. Doch das ist eine Mitte, die wankt und der Bedrängnis nicht standhält. Stellst du Gott in den Mittelpunkt, so wird er inmitten aller Widerwärtigkeiten des Lebens wie ein Fels in der Brandung sein; er wird sich von nichts schrecken lassen, und so wirst auch du nicht in Verwirrung geraten. Meinst du, daß Gott sich beirren läßt durch Revolutionen und Verfolgungen, durch Haß und Streit? Ein Hauch von ihm genügt, um das alles wieder in jene Leere des Hasses zu werfen, aus der es hervorging.

Warum läßt du dich verwirren, wenn dich die Welt deines Glaubens wegen anfeindet? Damit erkennt sie doch an, daß Christus in dir lebt und du in Christus. Sie feindet dich an, weil Gott in dir ist; und wenn Gott in dir lebt, ist der wahre Friede in dir, ein Friede aus einem guten Gewissen und aufrichtigem Bemühen.

Die Probleme im Zusammenleben der Menschen entstehen aus Haß und Egoismus. Die Liebe hingegen löst die Schwierigkeiten auf. Wenn dein Herz von Skrupeln geplagt wird, versenke es in den Schoß der göttlichen Liebe. Überlege, was Jesus an deiner Stelle getan hätte, und verhalte dich in gleicher Weise, soweit es dir möglich ist.

Die Glaubensgeheimnisse der Dreifaltigkeit, der Menschwerdung Jesu und der Unbefleckten Empfängnis Mariens verlieren, was uns an ihnen starr, unverständlich und dunkel zu sein scheint, wenn die Liebe sie erleuchtet; sie werden uns vertraut. Sie sind Ausdruck der Liebe, und in der Liebe wirkt Gott: Es ist Gott, der lebt und handelt, der Verständnis und Freude schenkt. Überhaupt ist alles im religiösen Leben vor allem anderen Liebe.

Ein Mensch, der von der Liebe Gottes durchdrungen ist, strahlt sie aus. Auch die leiblichen Augen, selbst wenn sie geblendet sind wie bei Paulus*, leuchten wie freudige Kinderaugen, aus denen die Unschuld spricht.

Der Mensch, der liebt, kennt nicht den Stachel des Argwohns. Er steht unter dem Schutz des Engels und fürchtet das Böse nicht, weil er nur das Gute sieht und sicher ist, daß man mit dem höchsten Gut, mit Gott, nicht Angst zu haben braucht.

Die Liebe ist die Seele Gottes in uns. Sie überschreitet die Maße unseres Leibes und unseres Lebens und strebt zum Unendlichen, weil die Seele Gottes unendlich ist. Sie ist unseren Grenzen, allem, was trennt und scheidet, entgegengesetzt. Sie umfaßt den Kosmos und geht darüber hinaus; sie macht sich das Universum zu eigen, das eine Frucht ihrer eigenen schöpferischen Kraft ist.

---

* vgl. Apg 9,1–22.

Du mußt dich so einsetzen im Dienste des Herrn, daß du keine Zeit hast, heilig zu werden! (scheinbar, denn in Wirklichkeit wird man so heilig) Man dient dem Herrn auch in den Brüdern, seinen Geschöpfen. Da sie sein Ebenbild sind, siehst du wirklich den Herrn in ihnen und liebst *ihn* in jedem von ihnen. Und dienen heißt lieben in der Tat.

Der Mensch ist auf Gemeinschaft angelegt. In der Welt Gottes ist seine Gemeinschaft die Kirche. Aber glaube nicht, daß die christliche Gemeinschaft entsteht, indem du viele Leute hinführst. Die Gemeinschaft der Heiligen ist nicht irgendeine Versammlung, sie ist auch kein Debattierklub. Sie realisiert sich im Geist und nicht in weltlichen Kontakten; sie wächst nicht entsprechend der Zahl der Christen, die du zu ihr hinführst, sondern durch dein Dienen und durch die Ausstrahlung der Menschen, mit denen du dich in Christus zusammenschließt, um seinen Leib zu bilden.

Sich von der Welt trennen, will nicht besagen, sich von den Menschen trennen. Die Welt trägt die Züge Satans, die Menschen tragen die Züge Christi, deine Brüder, losgekauft durch ein einziges Blut. Sich von ihnen trennen bedeutet darum die göttliche Verwandtschaft verleugnen und an die Stelle der Verehrung des gemeinsamen Vaters und Erlösers die unmenschliche Anbetung des eigenen Ich setzen.
Man kann von der Welt getrennt sein, auch wenn man in der Wallstreet lebt; man kann getrennt sein von den Brüdern, auch wenn man Mitglied einer großen Aktiengesellschaft ist. Der Eremit ist nicht von der Gemeinschaft der Heiligen getrennt. Er opfert sich für die Brüder, er lebt, indem er für sie stirbt.

Je mehr du Glied des Leibes Christi bist, desto mehr nimmst du von seinem Leben auf und desto mehr sollst du davon an die anderen weitergeben wie der Rebzweig, der die Lymphe weiterleitet und nicht aufstaut. Sonst müßte er abgeschnitten werden: von den Brüdern und von Christus.

Wie leicht ist es, den Großen, den Überlegenen zu spielen, wenn man es in der Gesellschaft weit gebracht hat und Erfolg aufzuweisen hat. Und wie leicht ist es, kluge Reden zu führen, wenn man über ein ansehnliches Vermögen verfügt und Gesundheit, Macht und Ehren genießt! Wie schwierig dagegen ist es, Souveränität und Weisheit zu behaupten, wenn man in der harten Prüfung der Armut, der Verleumdung und Verkennung steckt, wenn die Zeit der Versuchung kommt.

Demut und Liebe.
Allen dienen.
Sich geringer achten als alle anderen,
denn in allen ist das Bild Gottes eingeprägt;
für alle ist Christus gestorben.
Nur der Hochmut macht dich einsam und traurig.

Welche Verantwortung! Ein christlicher Schriftsteller sein zu wollen, d. h. Zeugnis geben von Gott – ohne heilig zu sein!

Wenn man von sich selbst voll ist, ist kein Raum für Gott.

2. Mai – Herr, dies ist in meinem Leben die Stunde, da ich als Christ aufs tiefste verwundet werde, an der Stelle, wo ich mit dem Leib der Kirche verbunden bin. In dieser Stunde trifft mich der Widersacher von allen Seiten, dort wo ich geboren bin, in der Familie, die Fleisch von meinem Fleisch ist, in der Kirche. Es ist die große Prüfung, in der scheinbar alles verrissen und verächtlich gemacht wird. Aber ich habe mich dir übergeben, und du verläßt mich nicht, was auch kommen mag.

Wenn du Gott dienst, um den Menschen zu gefallen – und seien es Menschen, die ihr ganzes Leben Gott geweiht haben –, dann bist du auf dem falschen Weg. Solch ein Dienst bringt gewöhnlich Verdruß mit sich. Aber auch dieses Nichtverstandenwerden ist eine bittere Erfahrung, die zur Prüfung gehört.

Sei dir wohl bewußt, daß du von den meisten nicht eingeschätzt wirst nach dem, was du innerlich bist, sondern nach dem, was du äußerlich scheinst. Nicht deine Tugenden, nicht dein Einsatz, nicht deine Arbeit zählen, sondern der Wagen, den du fährst, die Titel und Orden, die deine Visitenkarte oder deine Kleidung zieren. Darum bilde dir nichts ein, wenn sie dich loben wegen irgendwelcher Äußerlichkeiten, aber sei auch nicht niedergedrückt, wenn sie dein Inneres, den geistlichen Reichtum, nicht erkennen. Wenn du nach dem Wahren und Guten strebst, riskierst du, in Acht und Bann getan zu werden; und deine Freunde werden dich nach den Maßstäben der Mächtigen und Besitzenden einschätzen; es wird leer sein um dich her. Dann wirst du allein sein wie Christus im Garten Getsemani. Es ist eine Gnade, die *er* dir geben wird.

Gib deinen Büchern ihren wahren Wert durch dein Leben. Gib deinem Leben Wert durch die Bücher.

„Alles ist eitel" heißt in der eigentlichen wörtlichen Bedeutung: Alles ist leer. Eine unendliche Leere, die nach göttlicher Fülle ruft.

Sorgen, Enttäuschungen, Mißverständnisse und innere Spannungen kommen daher, daß du dir einbildest, für die Kirche zu arbeiten, aber im Grunde doch nur dich siehst, dein kleines Ich; es ist deine Engstirnigkeit, die das Licht nicht transparent werden läßt. Dein Ich muß verschwinden, um für Christus Platz zu machen, damit Christus in dir lebt und nicht mehr du. Du wirst alles sein, wenn du mit Christus bist, einsgeworden mit ihm; sonst bleibst du ein Nichts.

Wer mich demütigt, macht mich stark. Wer mich angreift, macht, daß ich stärker werde. Mein Verleumder ist mein Freund, mein Feind ist mein Wohltäter.

Die Menschen lassen uns im Stich, damit wir allein sind, allein mit Gott.

Die Liebe ist ein Geschenk, und das gibt man umsonst. Man gibt es weg, ohne den Gedanken, etwas Entsprechendes dafür zurückzuerhalten. Liebe so, wie Gott liebt, dem man nicht vergelten kann; sei vielmehr bereit, mißverstanden und verleumdet zu werden. Die Liebe kann nämlich mit Schwäche verwechselt werden, oder der Beschenkte meint ein Recht auf die Gabe zu haben und hält sich obendrein für einen Wohltäter. Und in einem gewissen Sinn ist das wahr: Wenn die Liebe Schmerz bringt und dieses Leiden hineingenommen wird in den Kelch des kostbaren Blutes, dann wird es die Quelle eines erfüllten Lebens.

Ja, wenn du mit Jesus den Weg des Leidens gehen willst – und das ist dein Wunsch –, bleibt dir nichts übrig, als auf den Kalvarienberg zu steigen: Am Ende des Kreuzwegs steht das Kreuz.

Die Heiligkeit wird von den meisten nicht beachtet. Du siehst eine unbedeutende Frau, einen unscheinbaren Mann an dir vorübergehen: Leute, die kein Aufhebens von sich machen. Die Heiligen bemerken die Heiligkeit und durchtriebene Geister bemerken sie. Jesus in Galiläa wurde erkannt von den Jüngern, die von ihm begeistert waren und sich ihm anschlossen, aber auch von den Besessenen, die ihn baten, sich zu entfernen. Der Sünder, der von Gott nichts wissen will, der Häretiker bemerkt instinktiv den Heiligen; er verachtet ihn und hält ihn sich vom Leibe.

Schau dir das mühselige und aufwendige Treiben an, mit dem die anderen – genauso wie du – mit modischen Finessen und großen Gesten den Schein ihrer Persönlichkeit aufrechtzuerhalten versuchen: Mit kostspieligem Flitter behängen sie eine leere Fassade. Und achte auf die übertriebene Herzlichkeit, die selbstgefälligen Blicke und das gezierte Lächeln, mit dem sie sich gegenseitig auf den Leim führen wollen, auf dem sie dann selbst kleben bleiben. Sobald du nur ein wenig hinter die Fassaden blickst, entdeckst du einzig und allein ein eitles Nichts, das von einer Maske verdeckt wird ... Leere in dir und in ihnen. Wenn du die Leere nicht mit Gott füllst, bleibt dir nur die Verzweiflung. *Er* ist es, der in den Schein die Wirklichkeit bringt, in das Nichts das Alles. Wenn du das verstanden hast, dann ist es, als wenn Sonne und Wind schemenhafte Nebel auflösen und etwas von der Kraft und Freude des Lebens sichtbar werden lassen.

Wie verstrickt ist die Masse in üblem Gerede, in dieser ganzen stickigen Atmosphäre! Du bist mitten drin, und du bist allein. Neben dir fromme Leute, die sich dem Dienst am Nächsten geweiht haben, aber du bist allein. Mitten in einer wogenden Flut von Menschen ist es dir, als wärest du in der Wüste. Beginne in der Kirche und mit der Kirche zu leben, und das heißt, werde ein Glied in der Gemeinschaft der Heiligen, in der Christus lebt, und alle diese Fremden werden Glieder deines eigenen Leibes, Geist von deinem Geist. Es gibt arme Geschöpfe, die sich mit künstlichen Mitteln den Anschein der Jugendlichkeit zu erhalten suchen, aber es sind Glieder Christi, und sie haben teil an seinem Leben. So teilt sich Christus durch sie uns mit, und wir teilen uns durch sie Christus mit. Da sie die Sakramente empfangen, sind sie Träger der Heiligkeit, Glieder der Kirche.

Geheimnisvoll wird das *Wort* in ihnen Fleisch, und ihr Leben wird auch dein Leben.

November – Die Enttäuschungen und Opfer sind weder Enttäuschungen noch Opfer, sondern Wege, um das Wesen der Beziehung zwischen Gott und dir zu entdecken; in ihnen wird das Nichts der Materie offenbar, damit diese Leere erfüllt werde vom Geist Gottes. Die Menschen lassen dich im Stich, damit Gott deinem Leben die Erfüllung geben kann.

Wenn du mehr Zeit fändest, mit der Gottesmutter zu sprechen, würdest du neue Möglichkeiten im Umgang mit Gott und den Menschen, mit der Wissenschaft und dem Leben entdecken. Allein der Kontakt mit ihr würde dich Gott näher bringen als all dein Studieren und Bemühen.

Die Aktivisten verschwenden und vergeuden; sie verschwenden Worte und vor allem Druckerschwärze. Sie schreien und kämpfen, aber ihre Kraft verdanken sie zu einem großen Teil der Heiligkeit der Menschen, die im Schweigen und im Verborgenen leben, die mehr auf Gott als auf das Irdische schauen: Sie schauen auf die Menschen nur in Gott und für Gott. Die Beziehung mit Gott ist die Seele der Aktion.

Was der eucharistische Jesus uns verspüren läßt, ist nicht die Sehnsucht: Es ist Hunger.

Ich kann nicht an meine Mutter denken, ohne daß mir der Gedanke an die Mutter Christi kommt. Meine Mutter war eine Arbeiterfrau. Ihr Leben mit seinen Schmerzen und Entbehrungen, mit Arbeit ohne Rast erinnert mich an jene junge Israelitin, die von sieben Schwertern durchbohrt wurde. Als Mutter noch lebte, bevor sie unter den Qualen eines chirurgischen Eingriffs, der mehr einem Blutbad ähnelte, starb, riefen der Gedanke an sie und ihr Bild eher Angst in mir hervor als Zärtlichkeit. Ihr strenges etruskisches Gesicht trug die Spuren eigenen Leidens, des Leidens ihrer Eltern und einer ganzen, vom Schicksal geschlagenen Generation. Sie konnte aus dem Schmerz heraus lächeln; ihr Lächeln galt uns, aber innerlich litt, weinte und betete sie. Zurückhaltend in den Erweisen der Zärtlichkeit, küßte sie ihre Kinder selten, außer wenn sie abreisten oder nach längerer Abwesenheit heimkehrten. Aber bei aller Zurückhaltung lebte sie ganz für die Kinder und gab sich ganz für sie aus. Sie ließ sie nicht aus den Augen. Wenn sie nachts auf die Kinder wartete, betete sie den Rosenkranz; und wenn die Kinder dann heimkamen, war sie, die Analphabetin, darum besorgt, die Keime des Wissens von Gott in sie hineinzulegen. – Sie starb an einer Verblutung: eine Opfergabe an Jesus, der sie genährt hatte.

1942

1. Februar – Ein wenig Stille ... Das Schweigen *hören*, und in seinem gequälten Schoß die Melodie der Sterne, das Echo der schönsten Melodien der Menschen: die schwachen und die mächtigen Stimmen des väterlichen Hauses und deiner Brüder ... und dahinter noch, im tiefen Dunkel, die stillschweigende Auflösung meiner Zellen – das eigene Sterben mitten im Leben – und zugleich die Entfaltung der eigenen Seele, Atom für Atom, zum ewigen Leben innerhalb des gegenwärtigen Todes, wie die geduldige Vorbereitung des Insekts, das sich entpuppen will, um zur Freiheit zu gelangen.

17. März – Es gibt eine Vorstellung vom Heiligen, ein Zerrbild, das genau das Gegenteil von ihm ist: Er hat keine Stimme zum Reden, keine Augen zum Sehen, keine Ohren zum Hören und kein Herz zum Lieben. Er ist ohne jede Leidenschaft, weil ihn das Leben verwundet hat. Mitten unter den Menschen wirkt er wie abwesend. In sich versunken, zeigt er unter dem Vorwand, Gott allein zu dienen, keine Zuneigung zu den Brüdern. Er setzt sich nicht ein, übernimmt keine Verantwortung, mischt sich in nichts ein und äußert keine Meinung. Seine Haupttugend liegt darin, sich nicht festzulegen. Man hält ihn für heilig, weil er feige ist, für weise, weil er sich nie entscheidet, für tugendhaft, weil er einfältig ist. Man hält ihn für einen Engel, aber er ist eher ein Schwachkopf.

12. Mai – Wenn du von Gott und vom Glauben sprichst, dann hast du selbst den ersten Nutzen davon: Diese Worte legen dich fest vor deinem Gewissen, vor den Menschen und vor Gott. Und wenn du dir selbst nichts vormachen willst, bleibt dir nichts anderes übrig, als dich auf den Weg der Heiligkeit zu begeben. Nur ein Heiliger kann von Gott sprechen; aber vielleicht kannst du heilig werden, indem du von Gott sprichst; denn wenn du so diese Worte immer wiederholst, werden sie deine Seele prägen.

Ein großer Gewinn der Einheit mit Gott liegt vor allem darin, daß du frei bist und kein Sklave mehr; frei von der Sklaverei und ihrem Stumpfsinn, frei vom Haß und von aller Bosheit. Auch wenn das Böse in deiner Umgebung den Tod sät, wenn du verleumdet wirst und aus der Gesellschaft mit allem, was sie zu bieten hat, verstoßen wirst, bist du – durch Gott – frei; und dann verstehst du, daß das Leben dir nur Befriedigung schenkt, wenn du dir jene Freiheit bewahrst, die dir erkauft wurde durch das Leiden Christi. Aber du bewahrst sie nur, wenn du dich freihältst von der Schuld, denn sie verwehrt dir die Einheit mit Gott, die dir die Kraft gibt, auch den versklavten Menschen zu lieben und ihm zu dienen.

Der Glaube isoliert dich mehr und mehr von vielen Menschen. Es ist, als ob du dich von einem Platz entfernst, der voll ist von den Klängen lauter Musik, die nach und nach schwächer wird und verhallt. Aber du bleibst nicht allein: So viele Menschen du verlieren magst, so viele findest du wieder; Menschen, die sich Gott geweiht haben und erfüllt sind von ihm. Und eine ganz neue Stadt, die Stadt Gottes, enthüllt sich deiner Seele; ein neues Netz von Beziehungen verbindet dich mit einer neuen Gemeinschaft von Menschen, den Bewohnern der Stadt Gottes. Du gehst weg von dem lärmenden Platz und trittst ein in die Stille, in die Kirche, in die Gemeinschaft der Heiligen, wo du die Einheit mit Gott findest.

So geht es mir immer wieder: Ich genieße das Leben in der Welt und freue mich mit ihr, aber nur nach dem Fleische, und dann verliere ich den Blick auf Gott und den Geist. Aber wenn ich dem Schmerz begegne, wird wie von einem Windstoß der Nebel und Staub hinweggefegt, und von neuem erstrahlt das Licht der Liebe Gottes. So wird der Schmerz zum Vehikel einer Freude, die reine Liebe ist.

Wenn du auf die Menschen blickst, bist du rasch geneigt, Vergleiche zu ziehen. Dann steigt Neid in dir auf, und der Neid bringt ungute Worte: Schließlich kommst du zu Fall in den Fußschlingen kleinlichen Denkens.
Wenn du aber den Blick auf den Gekreuzigten richtest, zieht er dich an sich, er nimmt dich in seine Arme, die alles ausgleichen und sich dem Unendlichen öffnen. In ihm sind alle Menschen gleich, und die Masse der Menschen scheint nichts anderes zu sein als die Anhöhe, auf der das Kreuz errichtet ist und auf die sein Blut fließt.

17. Juni – Das religiöse Leben geht voran, solange es mit Gottes Gnade zu Gott hinstrebt; anders versagt es. Die menschlichen Kräfte geben einen ersten Aufschwung, der allerdings die Grenze des Menschlichen nicht überschreitet. Die große Distanz zum Göttlichen hin überschreitet man nur, indem man sich *ihm* ganz ausliefert. Wenn du dich auf einen Menschen stützt, und wäre er ein Heiliger, wirst du in einem bestimmten Moment merken, daß diese Stütze nachgibt. Sie hält nicht stand, weil das Menschliche das Göttliche nicht ersetzen kann. Der Mensch, wer es auch ist, kann dir zwar eine Hilfestellung geben, aber er ist nicht das Ziel. Um fliegen zu können, braucht man Flügel, und diese Flügel findet man im Absoluten. In dem Moment, in dem die Kräfte des helfenden Menschen versagen, soll man ja nicht sagen: Der Mensch – und wäre er ein Heiliger – hat mich betrogen. Er konnte nicht geben, was er nicht hatte. Er konnte dir den Weg zeigen, doch diesen Weg mußt du selbst zurücklegen mit der Kraft, die Gott allein dir gibt. – Lieben ist dienen. Ziehe die Konsequenzen.

November – Es ist sehr schwer, in das göttliche Geheimnis tiefer einzudringen, wenn nicht vorher der Schmerz gewaltsam die versteinerte Kruste des Egoismus aufgesprengt hat. Die Schläge, die Natur und Menschen uns versetzen, sind letztlich gegen jene Kruste gerichtet. Sie führen auf jenen beschwerlichen Pfad, auf dem viele Hindernisse liegen.

Das religiöse Leben ist durch einen Parasiten gefährdet, den man mit einem historischen Namen als Pharisäismus bezeichnen könnte. Er legt sich wie ein ekliger Schleim von gesellschaftlichen Konventionen, irdischen Interessen und äußerlichem Gehabe über die Einfachheit des Lebens mit Gott. Nach und nach erstarrt er durch seine eigene Kälte zu einer harten Kruste, unter der die Liebe erstickt, der Glaube ins Wanken gerät und die Hoffnung sich erschöpft in dünkelhafter Selbstgefälligkeit.

20. November – Im Rundfunk hört man vom Seekrieg, von Bombardierungen und Massakern und von Plänen, dieses Gemetzel noch fortzusetzen. Die Zeitungen bieten, seit Jahren schon, eine traurige und bedrückende Bilanz von Vernichtung, Hunger, Brandstiftungen, Mord und Totschlag. Und wenn wir uns selbst Rechenschaft geben, dann ist es weniger die eigene Not oder der Hunger, was uns im Grunde bewegt, als vielmehr der Gedanke, daß die anderen nicht noch mehr leiden. Wir machen uns Gedanken darüber, wie wir die Leiden vergrößern können, und setzen alles dafür ein. Es ist die totale Zerstörung sittlichen Denkens und Handelns, in die wir hineingezogen werden. Es ist, als wollten wir von oben nach unten bauen, auf dem Kopf laufen und das Gesetz der Schwerkraft umkehren. Wir sind für das Leben geboren, doch wir arbeiten für den Tod. Während die Liebe allein die Probleme löst, haben wir ein ganzes System von Ideen nach einem Prinzip des Hasses aufgerichtet. Als wenn wir für nichts anderes in die Welt gesetzt worden wären, als um das Weiterleben unerträglich zu machen. Das alles ist ein Zeichen dafür, daß die bleibende Stätte, wo wir Frieden haben, nicht hier ist.

25. November – Trübsal, Krankheiten, Entbehrungen ... Das ist das Leben: eine Vorbereitung auf den Tod.

Nicht nur der Tod, der uns liebe Menschen raubt, ist eine Qual, sondern auch der, der unsere guten Ansätze zunichte macht und uns durch die Trägheit zugrunde richtet.

Das ist die Bewährung: sich von den Leidenschaften nicht überwältigen zu lassen, in erster Linie nicht von der Verzweiflung; nicht dem Zorn, der Verbitterung, der Enttäuschung unterliegen; sondern beherrsche sie, äschere sie ein wie ein Vipernnest im Feuer der Liebe Gottes.

19. Dezember – Die Nationen setzen für Rüstungen und Kriege zwei Drittel ihres Haushalts ein, ihre besten Leute, einen beträchtlichen Teil ihrer Wissenschaft, ihrer Zeit und ihre Ehre. In dieser satanischen Verblendung ist das Töten die vitalste Beschäftigung geworden. Ein Beweis, daß, wo Gott beseitigt wird, der Schwachsinn die Oberhand gewinnt.

Oberflächlich betrachtet, wird die Liebe als Schwäche ausgelegt; doch in Wirklichkeit ist der Haß Schwäche. Die Liebe gibt: Sie schöpft aus eigenen Kräften. Der Haß hingegen hat das Bestreben, fremde Kräfte zu vereinnahmen, und so bezeugt er seine eigene Schwäche. Der Haß zeigt eine ähnliche Wirkung wie der Alkohol im Organismus: Er gibt eine augenblickliche Energie, aber dann lähmt er die Körperkraft um so mehr.

27. Dezember – Die Toten, die einem den größten Schmerz zufügen, sind jene, die in unserem Herzen sterben; und das Herz, das zum Grab geworden ist, spürt die Verwesung mit ihnen.

Das Gute, das der Schmerz bringen kann, nicht zurückweisen durch eine auflehnende Reaktion oder durch die Lähmung der Verzweiflung. Überwinde den Schmerz durch die Liebe!

Diese Kriege mit all ihren Greueln, den Massakern und Trümmern, mit der Qual und dem Seufzen der Unschuldigen, sind eine Manifestation Satans, des Widersachers Gottes, dessen Nahrung der Tod ist; aber sie offenbaren auch eine Wahrheit, die das Gerede der Sophisten getrübt hatte: Wissenschaft, Reichtum, Technik und Kultur geben nicht das Glück und bringen nicht den wahren Fortschritt. Die Wissenschaft hat uns todbringende Mechanismen in die Hand gegeben, und die Kultur hat den grausamsten Brudermord erdacht und mit Theorien verbrämt. Es ist evident, daß trotz moderner Technik, Rundfunk und allem übrigen das einzig mögliche menschliche Glück auf der Moral beruht, die von der Liebe beseelt ist.
Die Liebe löst alles: Sie heilt alle Wunden, gleicht alle Schäden aus und macht frei von jeder Sklaverei.

Wenn du die Liebe aus dem Leben entfernst, dann erstarrt es. Entferne die Liebe aus den sozialen Beziehungen, und die ganze Erde wird eine Arktis. Es ist der Mangel an Liebe, der das menschliche Leben zu einer solch schwierigen Aufgabe gemacht hat: zu einer Tragödie.

1943

Wenn einer sich vom Stolz ernährt und die anderen von oben herab behandelt, so hat das die gleiche Wirkung wie das Trinken von Alkohol: Am Ende ist man vergiftet und wie gelähmt.

Was nottut, ist die hohe Würde Christi, d. h. die Demütigungen mit Starkmut ertragen, und dabei Christus verherrlichen; unsere Ängste überwinden und die Freude Christi ausdrücken; in allen persönlichen und familiären Sorgen sein Vertrauen auf Christus setzen. Viele Demütigungen, Ängste und Sorgen von uns Menschen sind wie ein Strohfeuer, von dem nur Asche bleibt. Was zählt, ist allein Christus.

Sei gelobt, mein Herr, der du meinen Tag mit Bitterkeit tränkst. Das läutert mich, während die irdischen Freuden mich mit der Eitelkeit und dem leeren Dunst des eigenen Ich erfüllen und mich ablenken von dir. Aber gib mir die Kraft; denn ohne deine Kraft falle ich.

Wie armselig ist meine Tugend, wenn sie in schweren Stunden gleich versagt. So standfest muß sie werden, daß sie sich nicht erschüttern läßt in den Prüfungen, bei kränkenden und gehässigen Angriffen, wenn ich mich auf jemanden nicht verlassen kann, und bei ärgerlichen Enttäuschungen. Tugend – *virtus* –, das bedeutet Mannhaftigkeit und Standfestigkeit, die nicht abhängig ist von den Launen anderer, sondern allein auf Gott, den Unveränderlichen, baut. Nur so widersteht sie den Unbilden schwerer Gewitter.

1. März – Alles geht gut – in den Augen Gottes –, wenn du aus allem Leiden Barmherzigkeit mit den anderen schöpfst. Nimm Abneigung, Verachtung, Mißverständnisse an, und erwidere sie mit Herzlichkeit, Güte und Liebe. Das ist der Umwandlungsprozeß der Liebe, ihre Transsubstantiation.

18. April – Der Abfall von der Offenbarungsreligion ist keine Rückkehr zur Naturreligion. Es ist kein Abstieg von der übernatürlichen auf die natürliche Ebene, sondern es ist ein Sturz vom Himmel in die Hölle gleich dem Fall Luzifers. Es ist ein Absinken ins Satanische. Es gibt in der Tat keine größere Verfremdung des Menschen als die, vom Christentum abzufallen. Wie gut, daß Christus auch mit diesen Menschen, die sich von ihm entfernt haben, Erbarmen zeigt!

28. April – Die christliche Lebensweisheit unterstreicht, daß die Sünde ihren Ursprung im Hochmut hat, der von Gott offensichtlich schwer bestraft wird. In der Neuzeit hatte sich der Mensch für einen Supermenschen gehalten. Der Mensch hielt sich für einen Gott: Die Theologie diente ihm nicht mehr, er verwarf die Kirche und leugnete Gott. Die Wissenschaft genügte ihm; einige erklärten sich öffentlich für unfehlbar, viele hielten sich insgeheim für unfehlbar. In verschiedenen, nichtchristlichen Philosophien war ein luziferischer Hochmut aufgekommen. Ihre Theorien und ihre wissenschaftlichen Errungenschaften stürzten wie ein todbringendes Hagelwetter herab, und Gott bedient sich dessen, um ihren Hochmut wie ein Kartenhaus zusammenfallen zu lassen.

13. Mai – Von alten Völkern oder von jungen Völkern zu reden hat nur Sinn, wenn man dabei jene Gebrechlichkeit im Auge hat, die von der Sünde kommt, und die jugendliche Kraft, die von der Tugend herrührt. Offensichtlich ist die Sünde tief in uns verwurzelt.

Letztlich zählt nur eines: heilig werden. Wenn man dieses Ziel als Ideal vor Augen hat, dann geht es bereits aufwärts.

27. Mai – Was ist ein Heiliger? Ein Christ mit Rückgrat!

21. Juni – Wenn die Prüfung kommt, ist der Geist bereit. Mit Gottes Hilfe wird auch das Herz bereit sein. Die Stunde der Prüfung möge eine Stunde der Gnade werden. Der Herr gebe, daß sein unnützer Knecht kein unwürdiges Zeugnis für ihn ablege.

10. September – Das Volk gewöhnt sich allmählich an ein Leben zwischen Hunger und Tod, zwischen Schmach und Verleumdung. Während ich schreibe, wackeln die Fensterscheiben vom Lärm schwerer Artillerie. Nachts rufen uns die Sirenen in den Bunker, und die große Zahl der Toten schreit um ein Erbarmen. Wenn wir verstünden, daß dies unsere Passion ist, daß wir die Leiden Christi vollenden, wir würden dieses Leiden nicht vergeuden.

14. September – Herr, ich bilde mir ein, dem Nächsten zu dienen. Ich sehe das als meine Pflicht an. Ursprünglich ist es das, aber du erleuchtest mich, und ich sehe: Es ist eine Freude. Der erste Dienst, den ich dir erweisen kann, besteht darin, daß ich mich an deinem Kreuz festhalte. Wenn ich tue, was du willst, wenn ich sage, was du mir sagst, dann wird das Dienen – auch für die anderen – eine Freude.

2. Oktober – An erster Stelle das Gebet, dann Ehrlichkeit und tatkräftiger Einsatz. Das ist es, was Gott erwartet.

16. Oktober – Die Tragödie, die sich vor unseren Augen und in unserer Seele abspielt und die wir am eigenen Leib erfahren, bewirkt vor allem dieses Erschreckende, daß der eine oder andere angesichts des Verderbens, das über Wehrlose und Unschuldige gekommen ist, an der Gerechtigkeit Gottes zu zweifeln beginnt, oder gar an seiner Existenz. Doch Gott ist gerecht, und er ist Gott. Er hat uns die Freiheit gegeben, und wir dürfen sie ausnützen. Aus dieser Freiheit, die er uns überlassen hat, rühren die Kriege her, über die wir weinen. Sie sind von uns selbst hervorgerufen. Wir haben dieses Geschenk benutzt, um gegen den, der es uns gab, zu rebellieren. Wir leben nach einem Gesetz, das nicht von Gott, sondern von Satan stammt. Indem uns Gott diese Freiheit schenkt und diese Prüfungen zuläßt, behandelt er uns als mündige Menschen, nicht mehr als Kinder, sondern als Geschöpfe, die das Licht und die Kraft haben, frei zu werden von sich selbst. Und das ist durchaus möglich, weil dieses Licht und diese Kraft von *ihm* stammen.

24. November – Vergeude deinen Schmerz nicht durch die Ungeduld. Verwandle ihn durch Geduld in Liebe. Dann wird der Vater ihn mit seiner Allmacht in Herrlichkeit verwandeln.

6. Dezember – Christus hat jedes Leid in sich aufgenommen; dazu ist er geboren. In seinem Leiden hat er uns erlöst.

11. Dezember – Wenn Gott uns Freuden schickt, sind wir ihm dankbar, weil er uns seine Liebe spüren läßt; wenn er uns Prü-

29

fungen schickt, sind wir ihm ebenso dankbar, weil er uns an seinem Leiden teilhaben läßt.

„Dummheit und Stolz wachsen auf einem Holz." – Wo dir der Stolz begegnet, gehe ihm auf den Grund, und du stößt auf die Dummheit.

1944

17. Januar – Willst du deinen Weg allein gehen, wirst du bald hinfallen. Vereinigst du dich mit Christus, werdet ihr gemeinsam gut vorankommen. Du wirst zu Gott finden.

22. Januar – Wir sollen dem Nächsten dienen. Mit diesem Gebot ist keinerlei Verheißung verknüpft, daß die Brüder, denen wir dienen, uns entschädigen oder entlohnen. Den Lohn gibt Gott. Wenn du also Dank und Vergeltung von Menschen erwartest, hältst du dich nicht an das Gesetz des Evangeliums; du begehst einen dummen Fehler.

7. Februar – Glaube nicht, das Christsein sei heute leichter als vor zweitausend Jahren, oder weniger gefährlich. Wenn du dich wirklich auf die Seite Christi stellst, kann sich dein Glaube in anderer Weise ausdrücken als zur Zeit der Apostel, aber er bleibt ein Risiko wie damals – oder richtiger: etwas, das heute wie damals den Seligpreisungen entspricht. Jesus hat denen, die um der Gerechtigkeit willen verfolgt werden, die Seligkeit verheißen. Allen Menschen und für alle Zeiten. Das gilt auch für dich und für dein Leben.
Sei mit Freude bei der Arbeit, ohne Sorgen, als solltest du lange leben, und diene der Kirche. Aber sei jeden Augenblick bereit, vom Schreibtisch aufzustehen, die Feder beiseitezulegen, um dein Leben dem Leiden und auch dem Tod auszuliefern. Um der Gerechtigkeit willen, die Christus ist. Du würdest deine Worte durch die Tat bekräftigen.

9. Februar – Dieser Krieg hat das soziale und auch das geistliche Leben bis in seine Fundamente erschüttert. Das soziale Leben entartet in einen Kannibalismus; das geistliche wird immer mehr reduziert auf eine einseitige Beziehung zwischen Mensch und Gott, ohne die nötigen Unterscheidungen. Die andern verlassen dich, dir fehlt das Lebensnotwendige; die Illusionen brechen zusammen wie die Häuser bei einem Luftangriff. Dir bleibt nur die Möglichkeit, dich dem Tod oder Gott zu überlassen, der das Leben ist. Überläßt du dich Gott, bist du im letzten Schützengraben, aus dem dich weder Hunger noch Tod und nicht einmal die Boten Satans vertreiben werden.

Wie klug ist das, was ich schreibe! Und wie töricht das, was ich tue!

16. Februar – Über uns wütet der Krieg. Von einem Augenblick zum andern können wir hinweggefegt werden. Der Herr weiß, was das Beste für uns ist, das Leben oder der Tod. Sein Wille geschehe. Der Gedanke, daß er alles zu unserem Besten gereichen läßt und daß ich meine Lieben und mich selbst ganz *ihm* überlassen habe, gibt mir mitten im Krieg einen tiefen inneren Frieden. In dieser von der menschlichen Grausamkeit geschaffenen Wüste, in der jeder – ohnmächtig und allein – den Tod vor Augen hat, wie ist einem da Gott nahegekommen! Und wie versteht man das Bekenntnis Dantes: „In seinem Willen liegt unser Friede"!

25. Februar – Weil die Umstände dich zu einem kläglichen Leben verurteilt haben, sei um so mehr bestrebt, einen guten Tod zu haben. Das wird die beste Antwort sein auf das sinnlose und selbstmörderische Treiben einer Gesellschaft, die ohne Gott leben will.

1. März – All dieser Haß, dieses hysterische Kämpfen um Macht und Ideologien, um – wie man sagt – etwas Endgültiges aufzubauen. Dieser Krieg: Welch ein Wahnsinn! Vernünftig und positiv sind nur die Liebe und das Mit-Leiden. Alles übrige: Reichtum, Ehren, Ansehen, Geschäftigkeit: Eitelkeit der Eitelkeiten.

7. März – Der Zorn zerstört das, was Gott in uns gewirkt hat, wie ein Orkan oder wie einer dieser Bombenangriffe die Häuser der Menschen verwüstet. In wenigen Minuten sind Bauwerke, die Zeit und Mühe gekostet haben, vernichtet. Die Reife eines Christen mißt sich nicht zuletzt an der Fähigkeit, den Zorn zu zügeln; dieser aber ist heilig, wenn er sich gegen die Werke des Bösen richtet.

9. März – Ich stelle immer wieder fest, daß die göttliche Vorsehung viel mehr an mich denkt (aber wirklich viel mehr), als ich an sie. Einige Augenblicke des Tages denke ich an sie; aber sie verliert mich nie aus den Augen.
Jede Regung des Hochmuts wird zunichte, wenn du bedenkst, daß alles, was du hast und was du schaffst – Begabung und Arbeit, Gebet und Liebe –, Geschenk Gottes ist.

20. März – Es ist noch früh am Morgen und schon bombardieren die Flugzeuge Rom. Wir sind ohne Brot, ohne Kohlen, ohne Licht und Wasser. Die Prüfung (zwei Kriege, Revolutionen, Zerstörungen) dauert seit den Tagen deiner Geburt. Man muß sagen, daß der Herr dir, wie allen deinen Zeitgenossen, offensichtlich sehr viel zutraut, da er dich für fähig hält, unter diesen Umständen deine Prüfung zu bestehen. Satan setzt seine ganze Kraft ein; aber Gott bietet seine ganze Gnade an, und wer sich ihm überläßt, wandelt diesen äußeren Kampf in einen unendlichen inneren Frieden um.

1. April – Es geht nicht nur darum, die materiellen Entbehrungen zu überstehen, sondern wichtig und entscheidend ist, daß du dich nicht von der Lawine des Hasses, die von allen Seiten herabstürzt, begraben läßt. Man muß standfest bleiben, diese Schrecken überwinden und sich nicht unterkriegen lassen. Aber es wird nicht leicht sein.

4. April – Wir leben in einer Zeit der Drangsale. Man lebt sie entweder heroisch oder in niederträchtiger Weise. Einen Mittelweg gibt es nicht. Wir tragen die Schuld ab für die Mittelmäßigkeit vergangener Generationen und unserer Zeit bis zum heutigen Tag. Wir haben das Gesetz Gottes auf die leichte Schulter genommen; aber Gott setzt ein großes Vertrauen in uns, wenn er uns dieser Prüfung unterwirft. Er hat uns für fähig gehalten, sie zu bestehen. Jetzt müssen wir uns der Achtung, die er uns entgegenbringt, würdig erweisen.

17. April – Wovor fürchtest du dich, du kleingläubiger Mensch? Der Vater ist mit dir, du bist in den Händen des Allmächtigen. Und was könnte dir zustoßen, wenn er dir nicht die Kraft gäbe, diese Wirren zu überstehen, und die Gnade, es zu deinem Besten umzuwandeln?

5. Mai – Diese letzten Jahre oder Tage wurden uns gegeben, um die physische Zerstörung mitzuerleben und im geistigen Leben zu wachsen, um die Unbeständigkeit der Strukturen der

Welt zu erfahren und das Herz auf die „Stadt Gottes" hinzuwenden.

Krankheiten, Trauerfälle, Erschütterungen, Hunger: Geburtswehen der Seele, die zur Ewigkeit geboren wird.

17. August – Der Glaube wandelt den Schmerz in Liebe um. In der Liebe wird alles gelöst, im christlichen Leben, das ein fortwährendes Erneuern der Liebe ist.
Der Kampf ums Leben ist ein Kampf für und wider die Liebe. Das christliche Leben ist ein ununterbrochener Einsatz, damit die Liebe siegreich bleibt.

18. Oktober – Jeder neue Tag bringt uns, wie man sagt, dem Tode näher; doch im Gegenteil bringt er uns dem Leben näher und löst uns unter Schmerzen von diesem Sog des Todes.

29. Oktober – Obwohl du es aus der Geschichte eigentlich wissen müßtest, überrascht dich immer neu die bittere Erfahrung: Wenn du Gutes tust, wirst du von den Guten nicht verstanden; wenn du den Glauben verteidigst, wirst du von gläubigen Menschen angegriffen. Das Gute, für das du dich einsetzt, soll nämlich allein zwischen dir und Gott sein; kein menschliches Lob oder, noch schlechter: irdischer Lohn soll sich dazwischenmischen.

1945

17. Januar – Ich allein komme nicht vorwärts. Aber mit dir, Herr, gehe ich bis ans Ende der Welt.

22. April – Krieg, Elend, Lieblosigkeit, Haß, Ängste ..., alles findet in Christus eine Erklärung. Ohne ihn hat es keinen Sinn. Es ist wie ein Strudel, der alles in den Tod hineinzieht. Mit Christus versteht man das alles nicht nur, man besteht es. Der Strudel ängstigt einen nicht mehr, das alles bedeutet nichts mehr, das alles ist nichts. Christus allein ist alles. Maria schenkt ihn der Welt, mit den Händen einer Schwester und der zärtlichen Liebe einer Mutter, die Jungfrau ist.

3. Mai – Ich habe den Eindruck, daß ich als Christ versagt habe. Der Herr gebe mir die Kraft, mein Versagen in christlicher Weise zu tragen.

Wie dumm bin ich! Ich würde äußere Genugtuung innerem Leiden vorziehen, doch das Kreuz ist die eigentliche Wirklichkeit.

Schweigen, Leiden. Mögen sie auch rücksichtslos über mich hertrampeln wie über eine Landstraße.

Wenn ich mich ständig dem Leiden widersetze, vergesse ich, daß dein Schmerz für den mystischen Leib Quelle der Freude ist, daß dein Untergang dem Aufbau der Kirche dient.

1. Oktober – Warum spielt Maria bei uns eine so große Rolle? Weil jene unter uns, die dem Evangelium wirklich folgen, sich als Kinder fühlen, denen die Mutter alles bedeutet, die immer für sie da ist. Sie wenden sich an sie und suchen ihre Nähe, weil sie uns zum Vater führt. Es gibt keine sicherere, keine liebenswertere und schönere Art, vor ihn hinzutreten. Wenn Maria uns auf diesem Weg begleitet, dann ist das ganze Leben schöner: Die Natur erstrahlt in ihrer ganzen Harmonie, und selbst die Menschen scheinen nicht mehr so fremd.

11. November – Das Leben ist beherrscht von den wechselhaften Regungen unseres Willens. Auf der Suche nach seinem Gleichgewicht wendet sich der Wille einmal nach rechts und einmal nach links. Glücklich, wenn er entdeckt, daß es seiner Natur entspricht, sich dem Willen Gottes anzupassen: zu wollen, was Gott will. Dann ist der Geist im Frieden.

Auch die Last der Sünde hat im nachhinein ihren Nutzen. Sie dient der Eitelkeit, die uns wie ein Ballon nach oben ziehen will, als Ballast.

14. November – Es gibt zwei Angelpunkte, von denen aus man die menschliche Tragödie sehen kann, ohne am Leben zu verzweifeln oder sich dagegen aufzulehnen, ohne dem Trübsinn zu verfallen; im Gegenteil, man findet sogar Freude und Frieden. Diese Angelpunkte sind die Liebe und der Tod. Von der Liebe her gesehen, wird die Tragödie gemildert; vom Tod her gesehen, verliert sie ihren Sinn. Wissenschaft, Politik, Kunst, Beziehungen verlieren ihre Unmenschlichkeit und ihre furchterregende Macht, wenn sie in die Relativität des Todes gestellt werden oder wenn sich Menschen finden, die sie mit der Liebe beseelen. Liebe und Tod waren in der Antike Schlüsselbegriffe, die eng zusammengehörten.

15. November – Es gibt Klöster mit hohen Mauern, vergitterten Fenstern und prächtigen Pforten, während der Essenszeiten verschlossen und in der Nacht verriegelt, die wie kleine Burgen sind. Sie geben das Bild einer Liebe, die versteinert ist, eingemauert, eine tote Sache. Diese Abschirmung hält nicht nur die Diebe, sie hält auch die Armen fern. In solchen Häusern können sich auch die Herzen hinter Fenstergittern verschanzen, sich furchtsam verriegeln während der Mahlzeiten und des Schlafes, wenn die Armen ein Stück Brot erbetteln und die Obdachlosen mit dem Hausflur zufrieden wären, wo der Wind nicht pfeift und kein Schneesturm hereinwirbelt. – Du aber, der du so Ärgernis nimmst, verriegelst nicht auch du in gleicher Weise dein Haus, das doch ein Haus für Gott sein müßte? Und verschließt du nicht dein Herz, das doch geöffnet sein sollte? Fehlt die Liebe, dann erstarrt und versteinert das Leben. Es wird zum Tod.

6. Dezember – Was für ein Theater, diese Regierungskrise, diese Konferenzen der Drei, der Fünf, diese krampfhaften Bemühungen von Professoren, Journalisten und Männern aus Politik und Wirtschaft, eingebildete Fratzen! Hinter der ganzen Hysterie und dem Gerede verbirgt sich jene Wahrheit, die unsere Mystiker mit dem Wort ausdrücken: Alles ist eitel, Gott aber bleibt.
Alles ist eitel, Gott allein bleibt!

26. Dezember – Die Kirche stirbt nicht, weil ihre Seele die Liebe ist: und diese Liebe ist Gott in ihr.

Entweder hängt man von Gott ab, oder man ist abhängig von den Menschen. Gott ist also unsere Freiheit gegenüber den Menschen; und von Gott abhängen heißt, die Quellen des Lebens und der Freude besitzen.

1946

20. Januar – Allein die Tatsache, daß man ein Übel nicht heilt, ohne daß daraus gleich mehrere neue entstehen, offenbart die Unsicherheit, die Vorläufigkeit unserer Existenz auf diesem Planeten. Wir bringen es nicht fertig, uns über die elementarsten Gesetze menschlichen Zusammenlebens zu verständigen. Darum sind wir auch nicht fähig, in Gemeinschaft mit Gott zu leben. Gott macht die Unsicherheit des Daseins und das Zusammenleben der Menschen überhaupt erträglich. Das ist unsere Prüfung: das Fegefeuer.

Die Liebe läßt nicht zu, daß die Wahrheit hochmütig und zum Vorwand für Rechthaberei und Unversöhnlichkeit wird. Wahrheit *mit* Liebe. Das ist das, was unser Denken bestimmen muß und ihm die Reinheit und jugendliche Kraft verleiht.

13. März – Die Geschichte ist ein Schlüsselroman, der uns das Jenseits erschließt und offenkundig werden läßt, daß ohne Gott nichts mehr bleibt, daß Gott alles ist.

5. April – Kann ein Politiker heilig sein? Kann ein Heiliger Politiker sein? Versuche in dir selbst die Lösung zu finden, jetzt, wo du Politiker wirst!

13. April – Man kann sagen, daß es nicht darauf ankommt, heilig zu sein, sondern nach der Heiligkeit zu streben. Aber das ist das gleiche: Heilig sein bedeutet, sich bemühen, heilig zu sein. Dann werfen dich die Niederlagen nicht aus der Bahn. Wichtig ist, wieder aufzustehen und neu anzufangen. Endgültig verwirklicht sich die Heiligkeit erst im anderen Leben.

20. April – Ich fürchte euch nicht, denn ich liebe euch. Man muß dahin kommen, daß wir das den Brüdern sagen können, die unsere Gegner sind. Man muß die Angst überwinden, jenes Gefühl der Minderwertigkeit, das nicht der Würde des Menschen entspricht, man muß lernen, zu lieben und zu dienen, denn darin liegt die Würde des Menschen, der von Gott erschaffen und erlöst ist.

2. August – Durch Zeitungsartikel oder in persönlichen Kontakten göttliches Leben weitergeben. – Wer wird dieses Wunder vollbringen?

9. Dezember – Der Mensch lebt in einer doppelten Täuschung: in der Vergangenheit oder in der Zukunft. Einerseits stellt man sich nostalgisch eine Zeit vor, in der man besser gelebt hätte, in Frieden, Freiheit und Wohlstand; andererseits denkt man daran, sich ein besseres Leben nach den eigenen Vorstellungen zu gestalten. Zwischen diesen beiden Träumen bewegen wir uns, und in unserem Leben folgen wir Jesus auf dem Kreuzweg. Selig, wer mit Christus das Kreuz trägt! Selig, wer sein Herz auf das Reich richtet, das nicht von dieser Welt ist, wo Friede, Liebe und Gerechtigkeit ohne Ende sein werden! Darauf hin arbeiten, um soviel Böses als möglich abzuwehren und den Brüdern zu helfen.

20. Dezember – Es kommt darauf an, daß wir alles heiligen, was mit uns in Beziehung steht: unser Denken und Handeln, die Liebe und die Geschlechtlichkeit, die Arbeit und das Geld, die Demokratie und die Freiheit: Alles gute Dinge, wenn sie heilig sind, aber sie führen ins Verderben, wenn ihnen der Heilige Geist fehlt.

26. Dezember – Gib acht, daß du nicht die einzigartige Gelegenheit versäumst, die dir das Leben bietet: die Gelegenheit, heilig zu werden. Nutze diese Tage, vielleicht sind es nur Stunden!

1947

22. April – All meine Liebe nach oben richten, auf eine Ebene des Lichts: sie der Gottesmutter anbieten wie einen Strauß Blumen, zu ihrer Ehre und zu meiner Heiligung.

29. April – Dieser Schmerz und diese Demütigung helfen, die Maske der Eitelkeit zu zerstören, unter der die wahre Persönlichkeit verborgen ist, und mich dir ganz auszuliefern. Herr, züchtige mich, doch verschone die Kinder.

4. Mai – Wenn uns alle verlassen, dann deswegen, damit wir allein bleiben, *du* und ich: Du, das Alles – ich, das Nichts. Doch wie gut ist es, mein Nichts deinem Alles anzuvertrauen! Dann weiß ich, daß ich vergöttlicht werde.
Und wenn ich in der Demütigung den Abgrund meines Nichts verspüre, dann deswegen, damit ich dich in deiner unendlichen Größe sehe. Wie schön ist es, durch deine Liebe von der Tiefe der Demütigung bis zu deiner Höhe emporzusteigen! Dann fühle ich mich in den Himmel versetzt.
Was in den Augen der Welt ein Unglück ist, wird so eine Zerstörung von Schein und Flitter, von Halbheit und Unentschiedenheit, eine Rückkehr zum Einfachen und Endgültigen.

13. Mai – Liebe und Demut bilden zusammen die Dialektik des geistlichen Lebens. Durch die Liebe bringen wir Gott unter die Menschen, durch die Demut erheben wir uns zu Gott.

Die Demütigungen nicht abweisen, sich nicht gegen sie auflehnen. Danke dem Herrn, der sie kommen läßt. Sie sind ein Zeichen, daß er sich an dich erinnert, daß er dich sich selbst ähnlich macht – ihm, der bespuckt wurde, dem man Essig zu trinken gab, der wie ein Verbrecher behandelt wurde.

25. Juni – Mir fehlt die Geduld, dieser Fels, an dem die Widerwärtigkeiten zerschellen.
Mir fehlt die Liebe, die Klugheit des Herzens, durch die Intrige, Ehrgeiz, Heuchelei und Hinterlist zu Spreu werden.
Mir fehlt der Glaube, durch den ich ruhig vorwärtsgehen könnte, auch wenn alle ihre Treue zum Glauben und zum Gesetz Gottes aufgäben.
Das alles rührt daher, daß das Gerangel um Geld und Ehren mit seinen dunklen Folgen mir die Stimme Gottes und die Sicht der geistlichen Dinge verdeckt. Die Seele geht zugrunde in dieser Atmosphäre, die sich gegen den Geist wendet. Hier ist wirklich eine Revolution vonnöten.

Jedesmal, wenn ich verbittert bin wegen meiner Mißerfolge in der Politik, in der Literatur oder im gesellschaftlichen Leben, falle ich. Ich sinke unter das Niveau der elementarsten Anforderungen christlicher Aszese. Neid und Eitelkeit sind der Tod meiner Seele.

3. Juli – Die Erfahrung bestätigt, was du schon wußtest: Ohne den Glauben fällt das Leben in Kälte und Dunkelheit. Es tritt ein in den Tod, wo es sich auflöst in Trauer und Wut, bis es von Würmern zerfressen und verwest ist: ein Kreislauf des Todes. Durch den Glauben und durch die Kraft der Liebe wird es neugestärkt Licht und Freude ausstrahlen.

11. September – Ceterum censeo, im übrigen meine ich, daß es darauf ankommt, heilig zu werden: Apostel Christi für die Welt sein. Die Prüfungen, die Gott schickt, bieten die Möglichkeit, heilig zu werden. Er schickt sie zu diesem Zweck. Aber sie dienen zu nichts, ich vergeude sie, wenn ich mich dagegen auflehne, wenn ich sie wie ein Unrecht ansehe, als wenn Gott mir Zuckerbrot schuldete als Entgelt für ein paar blasse Gebete. Diese Prüfungen betrachten wir als einen Verrat; sie sind es, und zwar Gott gegenüber.

Das Nichtverstandenwerden und die Verleumdungen, Verachtung und Spott, das sind die Bausteine zu unserer Heiligung, wenn wir sie zusammenfügen im Feuer der Liebe, mit der Weisheit der Demut.

Sobald du ins Gespräch kommst mit Gott, tritt Friede und Freude in deine Seele ein; und in ihrem Glück stimmt sie ein in die Worte des hl. Paulus: „Ich sehne mich danach, aufzubrechen und bei Christus zu sein."*

14. Oktober – Der Gedanke an den Tod läßt den erschauern, der vom Tod nichts wissen will. Wer ihm aber ins Gesicht schaut, dem gibt der Gedanke an den Tod Klarheit und Frieden. Er steht an der Grenze des Endlichen zum Ewigen und wirft auf das Leben im Jenseits einen Strahl der Hoffnung und des Lichts.

Von unten her wird das Leben befreit von allem Wildwuchs der Illusionen und Ambitionen und von allen lästigen und gefährlichen Nachstellungen. Dann erscheinen Reichtümer und Ehren kümmerlich wie wertloser Plunder. Man erkennt die Größe der Liebe, ihren wahren Wert, und sieht, daß Leben Lieben ist, und

---

* Phil 1,23.

Hassen Sterben; befreit von jenem chaotischen Durcheinander erhält das Leben seine Einfachheit zurück. Es ist also der Gedanke an den Tod, der dem Leben Sinn gibt.

10. November – Herr, zieh mich hinauf zu dir, nimm mich hinein in dein Opfer am Kreuz, damit ich mit deinen Augen in der Bereitschaft, mich hinzugeben, auf die Welt blicken kann, damit ich mich den Brüdern schenken und dem Vater aufopfern kann. Dann habe ich Anteil an deinem Opfer, und in dieser Weise kann ich durch dich, der du am Kreuz dein Leben gegeben hast, die Vergebung des göttlichen Richters erlangen.

21. Dezember – Dadurch, daß ich geboren bin, gehöre ich Gott. Dadurch, daß ich erschaffen bin, habe ich teil an der Natur des Schöpfers. Mein Stammbaum geht auf ihn zurück, ich trage sein Bild und Gleichnis. Und dadurch, daß ich in mir die Züge des Schöpfers trage, sieht der, der mir begegnet, sein Ebenbild. Da es dem Menschen nicht möglich ist, das ganze Wesen der Gottheit zu fassen, so kann er doch, mit bloßem Auge auf Schritt und Tritt, deren Analogie erfassen, etwas, das ihn daran erinnert. Auf diese Weise ist jedes vernunftbegabte Geschöpf Ebenbild Gottes. Ein Botschafter des Königs der Welt in einem fremden Land, auf der Pilgerschaft. Und das ist vor allem innerlich begründet: in der Beziehung von Kindern und Geschöpfen zum Vater und Schöpfer, der auch Richter und Lehrer ist. Darum tritt Gott in unsere sozialen Beziehungen ein als der Anfangs- und Endpunkt. Das dem Bruder erwiesene Gute kommt bei Gott an, und er belohnt es, als ob es ihm erwiesen wäre. Und das dem Bruder angetane Böse verletzt Gott und wird von ihm bestraft, als ob es ihm selbst angetan wäre. Trete ich also in Beziehung zu einem Bruder, so begegne ich im andern Gott.

Durch die Taufe habe ich Anteil erhalten am Leib Christi. Ich werde Glied Christi und habe teil an seinem Leben. Auf geheimnisvolle Weise bin ich Christus, ein Teil von ihm.

Die Sakramente und die Gnaden bestärken in mir den Geist Gottes. So kommt mein Leib von ihm, und mein Geist ist durch Christus erlöst und vom Heiligen Geist erfüllt. Durch die Inkarnation ist nach dem Wort des hl. Augustinus Gott Mensch geworden, damit der Mensch Gott werde.

Die Eucharistie läßt in besonderer Weise das Blut Christi in meine Adern einströmen, so daß ich mit ihm blutsverwandt werde.

Meine Aufgabe als Christ ist es, Christus in mir wachsen zu lassen. In dem Maße, in dem er in mir wächst, nimmt mein Ich ab. Ich muß abnehmen, damit er zunimmt, wie Johannes der Täufer sagt. Und wenn er wächst, wächst die Liebe; nehme ich ab, nimmt mein Egoismus ab. Ich annulliere damit nicht meine Persönlichkeit; im Gegenteil, sie wird umgewandelt in Christus, sie wächst bis zur Vergöttlichung, bis sie sich mit ihm identifiziert. Und dieses Einswerden ist vollkommen, wenn ich sagen kann: ,,Nicht mehr ich lebe, sondern Christus lebt in mir.''*

Ich biete eine Bleibe an, den Tempel. Der aber darin lebt, ist Christus, wie auf dem Altar. Ich opfere meinen Willen, mein Leben, damit Christus in mir wachsen kann. Wenn er in mir lebt, dann kann ich sagen: Ich bin ein *anderer Christus.* Es ist unsagbar, abgründig: Ich bin Christus. – Vielleicht ein armseliger Christus, aber doch so, daß durch meine Handlungen und Worte Christus selbst zur Welt spricht. Das Wort wird gleichsam aufs neue Fleisch in mir. So setzt sich die Inkarnation fort. Diese göttliche Wirklichkeit kann den Menschen nicht hochmütig machen, weil er sie nicht sich selbst verdankt, sondern

---

* Gal 2,20.

Christus. Ja, der Mensch ist soviel wert, als er nicht er selbst ist, sondern Christus in sich sein läßt.

Diese Realität verleiht andererseits den menschlichen Geschöpfen eine göttliche Würde und zugleich eine Verantwortung für das Evangelium; denn die anderen verstehen und nehmen das Evangelium an in dem Maß, wie sie es in den Christen inkarniert sehen.

Und so erfülle ich meine Berufung und finde die Richtschnur für mein Leben. Ich bin Ebenbild Christi, ein *anderer Christus*. Privat wie in der Öffentlichkeit muß mein Dasein dem Evangelium, dem Leben Christi entsprechen. Darin besteht mein königliches Priestertum: die Einheit mit Gott.

Das macht mich demütig und dankbar für meine eigene Nichtigkeit, die zur Unendlichkeit wird, und beschenkt mich mit innerem Frieden, Kraft und Freimut. Doch zugleich gibt es mir eine solch hohe Aufgabe, daß ich durch mein Versagen wie Judas das Erlösungswerk verraten würde.

Herr, nimm mich mir, und gib mich dir.

Nicht ich will in mir leben, sondern lebe du in mir.

30. Dezember – Aber wenn es so ist, wenn ich ein *anderer Christus* bin, wenn Christus in mir lebt und die Dreifaltigkeit in mir wohnt, wie kann ich noch Furcht haben in dieser unmenschlichen Welt oder Traurigkeit in einem vom Haß errichteten System, oder wie kann ich verwirrt sein, wo das Mittelmaß regiert, oder mir Sorgen machen um den Weg in die Zukunft, den Egoismus und Bosheit mit Greueltaten versperren?

Wenn ich ein Tempel bin, der vom Heiligen Geist erfüllt ist, wie kann ich dem Fürst der Welt unterliegen, der die Gedanken und den Leib lenken will zu rein sinnenhaftem Tun?

Ich habe die Freude und schenke sie weiter. Ich habe den Glauben und verbreite ihn. Ich habe den Frieden und setze alles dafür ein. Ich habe Gott, und in seiner Allmacht kann ich alles.

1948

1. Januar – Wenn die Liebe fehlt, wird die Dummheit über-mächtig.

23. Januar – Ohne Liebe stürzt du dich ins Unrecht, ins Chaos, wo die Hölle beginnt. Die Liebe ist die Atmosphäre des Him-mels, wo alles erfüllt ist von Gott.

Wenn du den Menschen zwischen Christus und dich stellst, siehst du Christus im Schatten. Wenn du Christus zwischen den Menschen und dich stellst, erscheint dir der Mensch vergött-licht.

In der Welt des Geistes findest du Gott. Man braucht sich nur einen Augenblick sammeln, um seine Gegenwart zu verspüren. In der Welt der Sünde begegnet dir Satan. Man braucht sich nur einen Augenblick zu zerstreuen, um seine Macht zu erfahren. Du glaubst einen Schutzwall von Meditationen, Gebeten und guten Vorsätzen aufgerichtet zu haben; und plötzlich entdeckst du, daß der Widersacher lauert wie ein Hund, um dich bei der ersten Bewegung anzugreifen; und ohne daß du darauf vorbe-reitet bist, überwältigt er dich. Du glaubst ihn fern, und er ist da. Du hältst dich für sicher, doch du bist immer schwach, denn du bist ein Mensch aus Fleisch und Blut und leicht verwundbar. So mußt du immer bis zum letzten Augenblick auf der Hut sein. Wie schnell begehst du eine Sünde. Vom Leben zur Hölle, die der Tod ist, ist es nur ein kleiner Schritt. Wie gut, wenn die Gnade Gottes dich in deiner Todesstunde begleitet und be-wahrt.

Die Einsamkeit, die beängstigt, ist nicht die der Einsiedler, sondern die der Städte und Versammlungen; und bisweilen die unter den eigenen Freunden, wenn einer sich ganz auf sie eingelassen hat. Er wird ignoriert und mißverstanden, bekämpft und unterdrückt; er wird als hinderlich angesehen, man gönnt ihm den Platz nicht, den er einnimmt, die Luft zum Atmen, das Leben, das er führt.

Wir müssen nicht in Katakomben leben, aber jedem von uns kann es passieren, daß er unter einem Berg von Verachtung und Verkanntsein leben muß und verfolgt wird.

10. Februar – Wie verwandelt sich das Leiden, wenn man dabei an Jesus denkt! Dann weiß man sich verbunden mit seinem Schmerz, der Segen hervorbringt und die Kirche aufbaut. Sich dem Schmerz widersetzen heißt also, sich der Aufgabe widersetzen, den Leib Christi, die Kirche aufzubauen. Die Leiden sind die Geburtswehen des mystischen Christus in der Welt. Weil du zur Messe gehst, glaubst du, von der Mühsal der Prüfung befreit zu sein, in der Gott dich läutert. Weil sie dich verleumdet und dich deines Glaubens und deines Verhaltens wegen beleidigt haben, hast du dich fast von Gott ungerecht behandelt gefühlt, als wenn dir nur Lob und Anerkennung zukämen. Du vergißt, daß Jesus verleumdet und geschlagen wurde. Wütend hast du dich dagegen aufgelehnt und bist in Sünde gefallen wie einer, der ganz weit weg ist von Gott. Und du hast daran gedacht, dich aus dem Staube zu machen, um der Prüfung zu entgehen, als wenn dir eine Sonderbehandlung von Gott zukäme. Aber deine Aufgabe ist: leiden, nicht fliehen. Leiden, ohne den Frieden zu verlieren. Den Frieden verteidigen, auch unter den Trümmern des Hauses, das du mit Liebe und Arbeit erbaut hast.

29. Juni – Der Baum, der Früchte trägt, ist gewissermaßen ein Bild des Menschen in der Zeit seines fruchtbaren Schaffens. Solange der Baum blüht, umgeben ihn Lieder und Musik, Wärme und Wind. Und wenn seine Früchte reifen, dann überflutet ihn die Wärme der Natur. Nachdem dann die Ernte in die Scheunen eingebracht ist, und nach den letzten Pulsschlägen farbigen Lebens im Herbst fällt das Schweigen der Natur unter kaltem Winterhimmel. Dann fallen die Blätter wie Tränen vom Himmel auf die gefrorene Erde. So geht es dem Menschen, wenn das Alter seiner besten Schaffenskraft hinter ihm liegt. Was er liebte und wovon der träumte, das fällt wie die Blätter im Herbst, und Schweigen erhebt sich ringsum, die Landschaft wird kahl. Mehr und mehr bleibt er allein, als stummer Zuschauer seines eigenen fortschreitenden Verfalls.

In dieser Kälte jedoch und in dieser Einsamkeit bereitet der Baum seinen neuen Frühling vor; er sammelt Farbe und Kraft. Ebenso kann der Mensch in seinem Winter, dem Verlust der Freude und dem Schwinden der Lebenskraft, die Energien sammeln für ein neues Leben. Wenn er von den Menschen im Stich gelassen wird, kann er das nutzen, um sich Gott auszuliefern, um in die Unmenschlichkeit seiner Umgebung das göttliche Leben hineinzutragen, um in die Entbehrungen des Greisenalters, dessen Einsamkeit durch Undankbarkeit und Habsucht vergrößert wird, die Fülle Gottes zu bringen. Er kann innerlich wachsen, wenn seine physischen Kräfte nachlassen und den Menschen etwas schenken, das nicht in der Wirtschaft, aber vor Gott zählt. Im Winter des Menschen beginnt der Frühling Gottes.

14. Juli – Was bedeutet ein Versagen in den Beziehungen zu den Mitmenschen anders als ein Nachlassen in der Liebe? Augustinus hatte den Kern des Christseins getroffen, als er sah, daß wer liebt, nicht irrt. Es irrt, wer nicht liebt. Immer wieder hat man diese Feststellung gemacht: Die Liebe ist die Wahrheit in der Gestalt der Gefühle, und die Wahrheit ist Liebe in der Gestalt des Geistes. Wahrheit und Liebe sind Leben, da der Geist Gottes das Leben ist. Was man außerhalb dieser Wirklichkeit tut, ist zum Scheitern verurteilt, wie sich die Gesundheit in jeder Hinsicht verschlechtert, wenn der Körper falsch ernährt wird. Und je weiter man sich von der Liebe entfernt, desto mehr nähert man sich auf den Wegen des Hasses, der Gewalt und der Lüge dem Tode; all das verletzt die Liebe und die Wahrheit.

Wie menschlich ist der Mensch, wenn er schläft! Oft trägt er dann einen Zug des Leidens, gleichsam eine Vorahnung des Todes. Dann fällt die Maske, und der Mensch steht bloß da, einer Vernichtung ausgesetzt, die stärker ist als er selbst. In diesem Schmerz wird jede Deckung genommen, und der Mensch findet sein wahres Wesen wieder, sein inneres Sein, das oft begraben ist unter der Falschheit, der Maske Satans. Wenn du im Montecitorio* an schwülen Nachmittagen diese Männer im Schlaf versunken siehst, die sich sonst leidenschaftlich und heuchlerisch bekämpfen, dann siehst du, wie ihre Gesichter gezeichnet sind vom Kummer, wie sie alle einander gleichen unter der Last des Menschseins. Gegensätze und Unterschiede sind versunken und vergessen in einem Meer des Leidens, das die Ursache des Friedens ist, den sie schaffen.

Wenn man von der hohen Warte des Todes, diesem klaren und alles beherrschenden Gipfel, schaut, bekommt alles den Platz, der ihm zukommt: Manches scheint weit weg zu sein, und es rückt näher; und das, was nahe zu sein schien, entfernt sich; große Dinge werden klein und kleine riesengroß. Die Menschen, wie Schauspieler verkleidet, um eine Rolle darzustellen

---

* Das römische Parlament.

(ein Bild des Chrysostomos) legen Gewänder und Schminke ab und erscheinen als das, was sie sind. Wenn man so alles in seinen wahren Proportionen sieht, könnte man verzweifeln. Es wäre wie beim Theater, wenn die Schauspieler sich die Schminke abwaschen, die Kulissen mit den gemalten Bergen aufgestapelt und die Dekorationen und Scheinwerfer abgeräumt werden. Das Leben erschiene wie eine Polarlandschaft oder wie ein Leichenhaus, das den Überdruß mancher Existentialisten rechtfertigen würde. In dieser ganzen Trostlosigkeit wenden wir uns an die Gottesmutter, und alles bekleidet sich mit Licht und Wärme, Schönheit und Freude; das Leben erblüht wie ein ewiger Frühling: Jesus in unserer Mitte.

1. August – Im Grunde liegt dein Fehler darin, daß du dein Leben am Christentum orientieren willst, dich aber praktisch anders als nach den Gesetzen der Heiligkeit verhältst. So schaffst du einen Zwiespalt, durch den du Enttäuschungen und Mißerfolge erntest. Entweder suchst du innere Erfüllung oder äußere Macht. Beide Dinge vertragen sich nicht. Das Glück kommt aus der inneren Freiheit; es heißt: *sich selbst verachten und verachtet werden.**
Eine Religion, die politische Ziele verfolgt. Eine Religion, die sich auf das Geld stützt. Eine Religion, die sich mit dem Eros verbündet. Das sind die Widersprüche, die vom Teufel kommen und den Christen zum Pharisäer werden lassen.
Gelobt sei Jesus Christus! Ich danke der Gottesmutter und der hl. Gemma**, dem Bruder, der Mutter und der Schwester, die mit mir in diesem Haus wohnen. Sie haben mich nie verraten und nie enttäuscht. Je mehr ich allein war, desto mehr haben sie

---

* vgl. Nachfolge Christi II, 12,9.
** Gemeint ist die hl. Mystikerin Gemma Galgani (1878–1903).

mir Gesellschaft geleistet, und mit ihrer leidgeprüften Liebe haben sie mich immer mit viel Freude beschenkt. Wie bliebe ich ohne sie allein, auch mitten unter Verwandten und Freunden: ein Wanderer in endloser Wüste!

5. *August* – Dieses ganze Spektakel auf den Parteiversammlungen und Sitzungen, dieses irrsinnige Treiben der Eifersüchteleien und Intrigen, dieses ganze Gejammer um Nichtigkeiten werden in Schweigen und Dunkel versinken, sobald der Tod kommt. Und ein und derselbe Schatten wird große und kleine Menschen gleichmachen, Gegner und Freunde, die Natur und das Denken. Die Antipathien, die uns entzweien, die Ideologien, für die wir uns prügeln, die Heucheleien und Konventionen, die Sprüche, die wir machen, und der Verrat, alles wird verschwinden, wird sich in einem Augenblick in Nichts auflösen. Die Hölle wird wie eine große Müllhalde sein für all das Böse, und das wird das Ende sein für denjenigen, der nicht einmal im Tod seine wahre Freiheit in Gott gefunden hat.
Und umgekehrt, das Leiden, die mit Geduld ertragenen Sorgen, die Sehnsucht nach dem Guten, das Brot, das dem Armen mit Freude gereicht wurde, alle guten Taten und Gedanken, die mitten im Umfeld von Haß und Heuchelei standen, alles schlichte, demütige Schaffen wird durch das Wunder des Todes ins ewige Leben eingehen; es wird aufsteigen ins Licht und sich weit spannen wie ein Regenbogen in der unendlichen Reinheit des Himmels.
So ist der Tod die entscheidende Krise, der unerbittliche Szenenwechsel und die Wachablösung, die alles auf den Kopf stellt. Er führt die Namenlosen, die gebrechlichen Menschen, die unbekannten und unbeachteten kleinen Leute, die vom Leid heimgesuchten Opfer der Menschheitsfamilie in das Reich Gottes. Das ist der Moment der Gerechtigkeit, wo die Fassaden und Masken des Reichtums und des Betrugs in einem Schlag

heruntergerissen werden, wo die verborgene Häßlichkeit aufgedeckt und die unbekannte Schönheit offenbar wird.

Die Liebe strebt wie das Feuer nach oben, zu Gott, von dem sie ausgeht. Um auf ihrem Weg nach oben alle Geschöpfe einzubeziehen, muß sie ganz unten ansetzen. Sie muß von der Erde zum Himmel streben. Je mehr sie von unten beginnt und je mehr Menschen sie ergreift, um so mehr gehört ihr von der Welt. Weil die Liebe konkret wird im Dienen, stellt sie sich unter den verworfensten Menschen, damit auch er von ihrer Ausstrahlung berührt wird. Deshalb beseitigt die Demut, die *humilitas*, die sich auf die Erde herabläßt, alle Mittel, mit denen man sich höher stellt. Wer sich höher stellt, weist jemand oder etwas ab, denn im andern ist Gott gegenwärtig, etwas Göttliches. Je mehr sich also einer überhebt, d. h. sich höher stellt, desto mehr verarmt er. Der Heilige denkt nicht daran, etwas von sich zu weisen; er strebt danach, mit seiner Liebe alle Geschöpfe zu erreichen, wie Franziskus in der Nachfolge Christi, und darum weitet er um so mehr die Seele aus, gewinnt er um so mehr den Himmel, als er sich demütigt. Die Demut ist ein Akt der Eroberung; sie ist das Kennzeichen der Heiligen.

Sich unter alle stellen: die Vorbedingung, um alle zu lieben und allen zu dienen.

Eine Haltung, die alles vereinfacht, ohne Intrigen, ohne Machtkämpfe und Streitereien. Wer sich ganz unten hinstellt, bleibt unberührt von dieser Welt der Ruhmsucht, der Gier nach Besitz, Macht und Luxus. Die Bosheit bleibt auf halbem Wege stehen: Sie erreicht nicht den Himmel, und sie steht nicht auf der Erde; ihr fehlt die Höhe, weil ihr die Basis fehlt. Sie ist der Mangel des Guten.

Wenn du der Schönheit einer Frau begegnest, dann danke Gott für die Schönheit und betrachte die Frau im Licht der Schönheit Mariens, und du hältst deine Sinne rein.

Sich selbst verachten und verachtet werden: Da liegen die Freiheit, die Wahrheit, das Glück. Du hingegen suchst die Belohnung hier unten. Du tust das Gute, um die Achtung der Menschen zu gewinnen. Du übst die Tugenden, damit man dich dafür bezahlt. Du bist schlechter als die Heiden. Du bist der elendeste Betrüger.

Der Christ ist ein *anderer Christus*. Also stehen dir Hohn und Verachtung zu und das Urteil, das dich einem Betrüger ausliefert, der dich umbringen läßt unter dem Schrei des Volkes: „Es lebe Barabbas!"

Du erwartest immer äußeres Lob und lebst dafür. Das beeinträchtigt deinen inneren Frieden. Du möchtest Beifall und Lohn einheimsen mit feinem, leerem Wortgeklingel, in dem Getriebe auf den Gängen, in den Sälen, während der Konferenzen und in den Restaurants. Und so verlierst du dich und verlierst die anderen. Du löst dich auf mit dem Wind, der von den Dächern weht, mit dem Staub, der auf den Straßen herumwirbelt, mit dem Tod, in dem die leeren Dinge unaufhaltsam zunichte werden.

16. August – Du klammerst dich so an das Leben, daß du dir auch für die Zeit nach dem Tod ein Stück zu sichern suchst. Du möchtest berühmt werden und in dankbarer Erinnerung behalten werden. Doch wie eine Nebelbank liegt die Angst über unserer Zeit; die Angst, daß neue Invasionen ganz Europa samt deinen Erwartungen, nicht in Vergessenheit zu geraten und Dank zu erhalten, hinwegspülen mit allen Menschen und Dingen, die dir lieb sind. Allein dieser Gedanke, diese Möglichkeit zeigen dir, wie hinfällig alles ist. Es ist eine Lektion in der Nachfolge Christi, die wir aus der Vernichtung und gewaltsamen Zerstörung lernen.

17. September – Heute morgen wurde ich im Montecitorio von Engeln gerufen. Es waren ein Kapuziner, ein Minorit, ein Konventuale, ein Terziar und eine Terziarin, Silvia Lubich, die in Trient eine Gemeinschaft ins Leben ruft.

24. September – Herr, würde ich eine Liste aufstellen von allem, was ich brauche, so hätte sie kein Ende, doch es genügt, dir zu sagen: Ich brauche *dich!*

24. Oktober – Wenn menschliche Kleinkariertheit dich in Verwirrung bringt, denke an die Größe Gottes.
Wenn dir die Menschheit häßlich erscheint, schaue auf Gott und betrachte sie mit neuen Augen.

11. November – Wankt dein Glaube? Die Liebe ist Rettung, sie wird deinem Glauben neue Kraft geben. Läßt deine Liebe nach? Erneuere sie im Glauben, er wird die Liebe verjüngen. Bist du des Lebens überdrüssig? Denke an den Tod! Wenn du die Gesellschaft der Menschen leid bist, schließe dich der Gemeinschaft der Heiligen an. Das Hinundher der Ambitionen und Verleumdungen wird dir erscheinen wie eine Bedrohung für dein Glück, und du wirst sie zurückweisen.

20. November – Diese entfesselte Wut ist so katastrophal wie eine Gasexplosion in einem verschlossenen Behälter: Sie ist eine Folge der Überspanntheit jämmerlichen, kleingeistigen Denkens. Es geschieht eigentlich nur deshalb, weil man weder den Menschen noch den Dingen den richtigen Platz gibt, jenen bescheidenen Platz, der Einsichtigkeit und Selbstverleugnung erfordert. Es ist wie ein Tanz der Masken, die vom heraufziehenden Abend heruntergerissen werden. Wir sind uns einfach nicht bewußt, daß letztlich nur Gott bleibt und das Heil in ihm:

Alles übrige ist ein Nichts und verdient ein erbarmendes Lächeln – das Gezanke der Menschen, flüchtige Schattenbilder auf der großen Leinwand, die Zerstörung der Atome, die sich für so wichtig hielten. Das ist das Leben: ein kurzes Gastspiel, das den Raum einnimmt, in dem der Dialog mit Gott stattfinden soll. Wenn wir unseren Blick allein auf die Menschen richten, auf ihre Launen, Wutanfälle, Drohungen und Verleumdungen, wenn wir uns darüber wundern, daß die gute Tat verkannt und verächtlich gemacht wird, daß der Hungernde, dem du zu essen gegeben hast, dir ins Gesicht spuckt, dann ist das genau dasselbe, wie wenn man die Leiter, die zum Paradies führt, auf einen morastigen Boden stellt oder auf eine Oberfläche, die von faulenden Blättern bedeckt ist, unter denen ein schmutziger Tümpel sein stinkendes Wasser verbirgt. Was sollen die Menschen tun? Die ganze Welt ist beherrscht vom Bösen. Dieser realistische Pessimismus aber führt uns zur Hoffnung, er gibt uns das Maß dessen, was nicht meßbar ist: Dieser Verrat der Menschen fordert die Liebe Gottes heraus und die Treue ihm gegenüber. Worüber wunderst du dich also? Der Mensch bringt mehr Böses hervor als Gutes; und oft steht auch hinter dem Guten ein böser Gedanke. Der Mensch verursacht Leiden aus Liebe; er entfesselt Kriege, Hungersnöte und Folterungen, um damit ein angeblich wohlberechnetes Ideal zu verwirklichen … Der Schwachsinn regiert, und man hält sich noch für klug, indem man darüber lacht. Wenn wir uns von der Wut ergreifen lassen, dann fallen wir selbst in diesen Schwachsinn, machen uns zu Sklaven dieses Elends und stürzen uns hinein in dieses wahnsinnige Treiben.

22. November – Wer dich demütigt, ist dein Freund. Das Geheimnis des geistlichen Fortschritts besteht darin, Unverständnis, Zorn und Ungerechtigkeiten freudig zu ertragen; zuerst von den dir Nahestehenden, dann von den übrigen.

28. November – Der Mensch ist ein Wesen, das leidet und anderen Leid zufügt.

Ich will Jesus die Leiden aufopfern, ich schließe sie ein in das Schweigen, das ich dem gehässigen Gerede entgegenstellen will. Ich will Haß mit Liebe beantworten, Vergebung statt Rache, Klugheit statt unüberlegtes Handeln. Ich will mich von der Schwäche der Gewalttätigen nicht besiegen lassen.

Angela von Foligno hörte in einer Vision diese Worte: „Du wirst erkennen, daß ich dann in dir bin, wenn einer dich beleidigt oder dir Böses tut und du es nicht nur mit Geduld erträgst, sondern nach Beleidigungen und Leiden verlangst und sie als Gnade ansiehst. – Das ist ein sicheres Zeichen für das Wirken Gottes."
Wirklich, hier falle ich am leichtesten und verscherze die Gnade.
Der Hochmut ist ein äußerliches, großspuriges Gehabe, um die eigene geistige Enge zu verbergen.

18. Dezember – Frühmorgens um 2.30 Uhr nahm ich von Ciampino aus eine Maschine der Pan Air de Brasil und erreichte in einem fünfstündigen Flug Lissabon. Ich war dorthin eingeladen worden von der Zeitschrift *Novidades*. Ich sprach im Saal der *Sociedad de Geografia* vor einer Versammlung von 3000 Personen, unter ihnen der Kardinal und 18 Bischöfe. Ich sprach auf portugiesisch über die katholische Publizistik. Am folgenden Morgen war ich in Fatima. Gestern abend hatte ich eine halbstündige Unterredung mit dem Regierungschef Salazar. Er sprach über die verschiedenen Regierungen der Völker Europas und sagte abschließend weise: „Wie lange werden uns die Völker noch ertragen?"

1949

4. Januar – Jesus, ich bitte dich um Gesundheit, Einsicht, Kraft, Wohlergehen, Liebe, Erfolg, eine gesunde Familie, Segen für mein Erdenleben und das ewige Glück im Himmel. Und zum Dank biete ich dir an: Zerstreuungen, Gleichgültigkeit, Zweifel, Lügen, Kompromisse mit leidenschaftlichen Begierden und mit dem Reichtum, Verderbtheit, Erbärmlichkeit und Verrat. Und wie ich, so Millionen von Menschen. Das ist unser Geschäft: Wir bringen dir unseren Dreck, und du gibst uns Reinheit; wir säen Vernichtung und Tod, und du gibst uns die Gaben des Lebens; wir verkaufen das Häßliche, und du schenkst uns das Schöne. So tilgst du ständig das Böse und schenkst uns dein Wohlwollen; du bist die Liebe, die lebendig macht, du bist die ständige Quelle für die Erneuerung des Kreislaufs unseres gesellschaftlichen Organismus.

Beschütze und beschirme Verstand und Herz, damit keine Furcht Einlaß findet, damit kein Neid eindringt und damit keine feindseligen und pessimistischen Gefühle wie ein todbringendes Gift mich lähmen. Gib, daß der Geiz nicht Wurzel faßt, vor allem aber, daß der Haß sich nicht breitmacht. Der Verstand braucht die Atmosphäre der Klarheit: Licht und Weite. Das Herz braucht Wärme: Liebe und Glück. Die Liebe aber bringt das Glück. Lehre mich die Kunst zu lieben; zu lieben vor allem, wenn man anfängt, mich zu hassen.

Mir kommt der Gedanke, daß der bittere Kelch, vor dem Jesus als Mensch zurückschauderte, voll war von all den Leiden, mit denen die ganze Menschheit vor und nach der Erlösung die eigenen Sünden hätte sühnen sollen. Die von Jesus übernommene Sühne mußte die Summe der Sühne sein, die jeder einzelne hätte leisten müssen. Ein Schmerz ohne Ende: der ganze Schmerz der Menschheit konzentriert in einem Kelch: ein bitterer Kelch, bitter über jede menschliche Vorstellung hinaus.

30. Januar – Wieviel Bedeutung wird diesem Abenteuer beigemessen, das in Wirklichkeit ein tragisches Theater ist. Die Bücher machen es noch komplizierter, die Interessen verwischen es, die Kanonen verkürzen es ... Es lohnt sich nur dann, dieses Abenteuer zu leben, wenn wir es in ein Abenteuer der Liebe umzuwandeln vermögen. Mit jener Liebe, in der Gott sich manifestiert.

Der Welt sterben, sich selbst sterben. Das ist ähnlich wie der leibliche Tod. Dadurch werden wir frei. Wir werden befreit vom täglichen Angriff des Bösen und werden seinem Zugriff entzogen; aber nicht, weil das Leben aufhört, sondern weil es vollkommen wird. Denn an die Stelle des Ich tritt Gott, und zwar in seiner wahren Größe. Ist Gott in uns, wer ist dann gegen uns?

Immer geht es um Befreiung, um Erlösung. Befreit vom Bösen lassen wir in seiner Hand nur einen Schatten zurück.

10. Februar – Gestern habe ich im Parlament anläßlich der Hundertjahrfeier der Römischen Republik eine Rede gehalten. Ich stellte die Gestalt Mazzinis* in katholischer Sicht dar. Das Thema war für einen Katholiken ziemlich schwierig, aber zu meinem Vortrag haben mir Katholiken, Republikaner, Sozialisten und Monarchisten gratuliert.

---

* Giuseppe Mazzini (1805–1872), Hauptvertreter des republikanisch-radikalen Risorgimento im Italien des 19. Jahrhunderts.

27. Februar – Tonadico. Mir wurde dieses Wort des Lebens gegeben: „Jesus, ich will dir so gehören, wie du es für gut hältst.
Mach mit mir, was dir gefällt."

1951

9. Juli – Laß es dir angelegen sein,
unbekannt und für nichts geachtet zu leben.*
Sei der Same, der untergegraben wird,
in der Erde verborgen,
so wirst du Frucht bringen.
Töte deinen Willen.
Suche keinen Trost.
Beklage dich nicht.
So gewinnst du Gott und deine Freiheit.
Es gibt nur die Weisheit des Kreuzes.
Ich will an mir selber sterben;
und was auch geschieht,
berührt mich nicht mehr.
Jetzt will ich mein Ich aufgeben.
Im verlassenen Herzen des Herrn.
All meine Sorgen wegen des Geizes und der Eitelkeit
werden zunichte in der Liebe.
Ich habe die Freiheit gefunden.
Ich will an mir selber sterben,
jenen Tod, nach dem man nicht mehr stirbt.
Ich will mich freuen
mit Gott seiner ewigen Jugend.

---

* Nachfolge Christi I, 2,3.

1954

17. Juli – Wie viele leben nicht ihr Leben ... Wie viele schlagen die Zeit tot ... Doch die Zeit ist eine kostbare Gabe. In ihr verzehrt sich unser Leben wie eine Kerze vor einer Ikone. Leben heißt verzehrt werden als Brandopfer für Gott, wie die Opfer des Alten Bundes. Über einen Zeitraum hin, der länger oder kürzer sein kann, das Leiden und den Tod des Herrn erleben. Natürlich bringt das Leben dieses Opfer, diese Hingabe auf dem Opferaltar nur dar, wenn es begleitet wird vom Gebet, wenn es ganz davon durchtränkt ist. Ein Opfer ohne Gebet ist wie eine Geste ohne Seele; sie dient zu nichts. Ohne das Gebet, ohne daß wir uns ständig an Gott wenden, an ihn denken und eins mit ihm werden, wird das Leben nicht gelebt; es ist tot ... Wir schlagen die Zeit tot, statt den alten Menschen in uns totzuschlagen. Wenn man den alten Menschen in sich selbst tötet, wenn er gleichsam wie Kohle langsam verbrennt, so ist das ein Freiwerden für das neue Leben, eine Wiedergeburt, ein wirkliches Geborenwerden zum wahren Leben, zu Gott.

21. August – Es kommt vor, daß der Christ, nachdem er jahrelang den Brüdern gedient hat, selbst eine Krise der Entmutigung erfährt und keinen Glauben an die Menschen mehr hat. Vielleicht will Gott ihm zeigen, daß er allein treu ist. Vom *Hosanna* zum *Kreuzige ihn* ist es nur ein kurzer Weg. Wenn alles zusammenbricht, bleibt er allein: der gekreuzigte Christus.

In der Hektik der Welt leben wie ein Mönch, wie in der Klausur. Nicht eingeschlossen von vier Mauern, sondern eingeschlossen in das Herz Gottes. Ein gottgeweihter Mensch sein: nicht mehr sich selbst gehören, sondern Gott, ihm allein. Und alles tun, daß jedes Handeln vergöttlicht wird; all das, was Gott zuläßt, auch die Leiden, zutiefst als Willen Gottes annehmen. Eine Opfergabe sein, der Welt gestorben. Auch als Laie innerlich wie ein Mönch sein, Gott geweiht, ein Werkzeug in seinen Händen, indem ich die evangelischen Räte der Armut, des Gehorsams und der Keuschheit meinem Stande entsprechend lebe. Das wird den Zorn Satans und der Menschen hervorrufen: die Demütigung, nicht verstanden zu werden. Dann in der Einheit mit dem Gekreuzigten freudig mit dem Psalmisten sagen: *Es ist gut für mich, daß du mich gedemütigt hast.*
Das einzige Leben nicht benutzen, um Geld zu sammeln oder Macht oder andere Nichtigkeiten. Es verwenden wie ein Licht, das auf dem Altar Christi brennt.
Jede Tat und jedes Wort soll Liebe sein, auch das Atmen, auch die Arbeit. So soll jede menschliche Beziehung Liebe sein, auch wenn ich mit *ihm,* der gekreuzigten Liebe, schreien muß: *Mein Gott, mein Gott, warum hast du mich verlassen?*

26. September – Dieser Kult des Ich, das sich selbst an die Stelle Gottes setzt, führt ins Nichts. Auch im seelischen Gewühl dramatischer Ereignisse taucht aus Tränen, Klagen und allgemeiner Angst diese Fixierung auf das eigene Ich wieder auf, wie ein Trümmerstück aus dem Wasser nach einem Unwetter auftaucht: Es ist der wahnsinnige Götze der eigenen Person, der eigenen Interessen, dieser aufgeblasene Koloß des eigenen Ich. Es verliert sich das Universale, die Liebe geht verloren durch die Furcht, die aus dem kleingeistigen, engstirnigen und stickigen Kult des eigenen Nichtsseins herrührt.
Daß Gott mich von meinem eigenen *alten Menschen,* diesem

Trümmerstück einer Sündflut, losreiße; daß er mir einen Haß darauf gebe, der im Vergessen sich äußert; damit ich nur mehr Gott sehe, ihn selbst, oder ihn in den Brüdern, die nach seinem Bild und Gleichnis geschaffen sind, und in der Natur, die seine Schöpfung ist und seine Prägung trägt.

14. Oktober – Im Grunde geht es darum, daß wir die Geschenke des Vaters nicht zurückweisen. Das ist alles. Wunderbare Einfachheit Gottes.

14. November – Gott steht bei dir immer an erster Stelle – in deinen Worten. Aber in deinen Taten? Du sprichst tatsächlich ständig mit deinem eigenen Gott, mit deinen Phantasievorstellungen, mit den Menschen. Wenn du diese Revolution machst, daß du, liebend und gehorchend, nur mit deinem Gott sprichst, dann gehst du den Weg der Einheit, auf dem du dem Calvaria zustrebst, der ein Himmel ist.

27. Dezember – Ich stehe in der Gegenwart, doch mein Herz ist in der Zukunft. Ich lebe auf jenes Nichts hin, wo ich die Befreiung von den gegenwärtigen Ängsten erlange und die Bedingungen finde, um den Aufstieg zu Gott zu beginnen.
Du Träumer! Du Dummer! Die Bedingungen, um zum Ewigen aufzusteigen, liegen gerade in der Gegenwart, wie sie sich von Augenblick zu Augenblick entfaltet. Sie bestehen in den Ängsten und Prüfungen, in der Leere und in den finsteren Abgründen, denen ich Augenblick für Augenblick begegne. Dieses Kreuz ist die Bedingung, um mit Christus zu sein. Ich werde mit ihm drüben vereinigt, wenn ich ihm hier auf dem Weg des Kreuzes folge. So gebe ich mich ihm hin auf dem einen Kreuz, für eine einzige Erlösung, wenn auch ich durch die Liebe mit

seiner Passion verbunden bin. Dort, wo ich keinen Frieden finde, wo ich der Lieblosigkeit begegne, wo ich mich verrückt mache und aufhalte mit meinen Sorgen, gequält, leidend, erschöpft, wo ich so leben muß, als wenn ich immer sterbe, so wie ich es mir nicht wünsche, da ist mein Kreuz, der Weg zur Erlösung. Der Verlassene Jesus am Kreuz! Die Unbeständigkeit ist meine Beständigkeit, die Ungewißheit meine Basis, der Tod hier mein Leben dort.

1955

16. Februar – Heilig werden nicht für sich, nicht für die anderen, sondern für Gott; denn heilig werden bedeutet, der Heilige werden, das ist Gott, – durch die Umwandlung in ihn. Diese vollendet sich als Werk der Gnade, wenn man sich von sich selbst loslöst, das eigene Ich verleugnet und diesen Platz Gott gibt. In diesem Prozeß muß man sich auch von den liebsten, reinsten und heiligsten Menschen loslösen, um nur auf Gott zu schauen; in ihm findet man sie wieder, näher und in größerer Liebe.

Mein Weg zu Gott wird behindert und unterbrochen durch mein Versagen: Ich falle ab von Gott, zurück auf mein Ich. Der *alte Mensch* erhebt sich immer wieder und versperrt mir den Blick. Dann sehe ich nichts mehr, und ich bin versucht, zur Anbetung des eigenen Ich zurückzukehren. Ich beginne zu klagen und stelle mich dem Himmel als ein Opfer hin. Wenn jedoch nicht mehr ich lebe, sondern Christus in mir, dann hat das Hin- und Herschwanken ein Ende. Denn Christus ist immer der gleiche; und wenn er sich am Kreuz einen Augenblick verlassen fühlte, so wandte er sich *sofort* vertrauensvoll wieder an den Vater: *In deine Hände* …

Damit aber Christus in mir lebt, muß mein Denken sein Denken sein, mein Fühlen und Wollen sein Fühlen und Wollen. Und er drückt mir sein Fühlen, Denken und Wollen aus durch die Evangelien, durch die Heiligen, durch Vorgesetzte und Eingebungen. Ich gebe mich auf und gewinne dich, Gott. Du nimmst mich, und ich dich: Welch ein Tausch!

3. September – Wenn die Geschichte der Welt ein fünftes Evangelium für die Menschheit ist, dann ist die persönliche Lebensgeschichte dasselbe für den einzelnen. Von Gott her gesehen, ist sie wie ein Plan, um uns aus der Zerstreuung in die Einheit mit ihm zu führen. Man sieht dann, wie die Loslösung von lieben Menschen und der Verlust von Ehren und Rängen menschliche Hindernisse aus dem Weg räumt, um dich allein mit dem Alleinigen zu vereinigen. Dann erhält jeder Tag einen anderen Wert. Er wird ein göttliches Abenteuer, wenn du ihn benutzt, um emporzusteigen auf dem Strahl der Sonne, auf deinem Strahl, der sich mit der Sonne Gottes vereint. Sonne, die Gott ist. Man nennt es einen Gang in den Tod, aber es ist ein Weg in die Freiheit, an dessen Ende dich der Vater erwartet. Ein Weg zum Leben, das kein Ende hat.

19. September – Diese müden Schritte unter Sonne und Regen sind der Heimweg, der Weg zu deinem Haus, mein Vater. Und so sind die alltäglichen Mühen und Sorgen, jede Art von Versagen und Not, die Krankheiten und das Schwinden der körperlichen Kräfte gleichsam die Auflösung der Materie, um zu deinem Reich zu kommen, Sohn Gottes. All diese Leiden vereinen mich mit deinem Kreuzesopfer, werden zu Tropfen deines Blutes, damit du ihnen Sinn verleihst und sie hineinnimmst in deine Hingabe. Dieses Heimweh, diese Sehnsucht nach dem Göttlichen, dieses Streben nach Heiligkeit lassen mich teilhaben an deinen Gaben, Heiliger Geist. In der Straßenbahn, bei der Arbeit wie unterwegs bin ich in *dir* geborgen, heiligste Dreifaltigkeit. Du trägst mich in dir, ich trage dich in mir, und auf dem Weg zum Tod nähere ich mich dir auf dem engen Pfad des geistigen Aufstiegs. So werde ich in diesem langweiligen, eintönigen und traurigen Dasein des Alters frei wie ein junger Mensch, und ich möchte mich aufschwingen zu Gott, in die Sonne der unerschaffenen Dreifaltigkeit, zu Maria und zu den Heiligen, zu Paulus, Augustinus, Franziskus, Klara, Katharina, Teresa ..., in dieses große Fest unsterblicher Seelen.

1956

12. Januar – Du kannst standhaft bleiben, auch wenn alle dich verlassen: Es genügt, daß du dich auf das Kreuz stützt. Das Kreuz hält dich aufrecht. Wenn du dich darauf stützt, wirst du bald merken, daß du umgeben bist von vielen anderen, die auch vom Kreuz getragen werden: Sünder und Heilige, Reiche und Arme, Junge und Alte, Lebende und Tote. Um Christus geschart, findest du dich in die weltweite Kirche eingegliedert, in die Gemeinschaft der Engel und Heiligen, geborgen in den Armen Gottes. Es ist nicht ein Weg durch die Zeit, sondern ein Weg zu Gott. Altwerden und ihm näherkommen, ein Reifen hin zum ewigen Leben in ihm, ein Freiwerden für seine Jugend. In diesem Aufstieg wird das Gespräch zur Zwiesprache. Das Gespräch mit den Menschen mündet ein in das Gespräch mit Gott. Denn *er* allein bleibt, und vor ihm die Seele: *Solus cum sola* – Gott allein, allein mit der Seele.

Die Krankheiten lassen es still werden ringsum. Mit den Jahren lichtet sich die Schar der Freunde. Die Welt löst sich ab wie eine faule Frucht. Auch die Menschen, die uns in Gott geliebt haben, warten auf uns in *ihm* im Jenseits. Das Leben läuft ab wie eine Entrümpelungsaktion von allem Menschlichen, damit wir wie behauene Steine zum Aufbau Christi verwendet werden. Während die Seele selbst alles verliert, möchte sie auch sich selbst verlieren, um Raum zu schaffen für ihn.

So versteht man auch den Sinn der Geschichte: Sie ist ein Prozeß der Befreiung vom Hinfälligen aus Liebe zum Ewigen; ein Zusammenwirken der Natur und der Menschen an der Erlösung. Entbehrungen, Enttäuschungen, Verrat, Krankheit, Verlassenheit …: Der Baum wird beschnitten für einen neuen Frühling, der Blumen im Himmel bringt. So ist die Geschichte eine heilige Geschichte: Heimkehr des einzelnen und der Gesellschaft aus der Verbannung ins Vaterland. Das Leben ist wie ein Korridor, der immer dunkler und stiller wird; am Ende steht Gott, der wartet; die Liebe, die auf die Seele, die Braut, wartet. Man braucht keine Einsamkeit zu suchen. Es genügt, die anzunehmen, die rings um uns entsteht, wenn das Leben uns an der Schwelle des Tempels verläßt, in dem Gott wartet. Allein mit Gott: Da sind wir im Leben.

13. März – Warum der Glaube? Gott verbirgt sich hinter dunklen Schatten und strahlenden Lichtern. Wir sehen ihn nicht unmittelbar, aber wir sehen ihn durch den Glauben. Man versteht die Logik dieser Verhüllung, die ein Sich-Abschirmen ist, wo wir doch mit den Augen nicht einmal die Sonne am Mittag sehen können; und Gott ist die unendliche Sonne. Das Dunkel schmerzt, weil es Zweifel in uns aufsteigen läßt.
Der Glaube erscheint uns, wenn wir darüber nachdenken, wie eine Entsprechung zur Freiheit. Gott hat uns diese göttliche Größe gegeben und will als Entgelt die menschliche Demut. So gesehen, ist der Glaube ein Emporsteigen zu *ihm*, bis wir *ihn* am Ende von Angesicht zu Angesicht sehen; eine Vorbereitung, eine Einübung, gleichsam ein Prozeß der Angleichung. Er geht von unten aus zu *ihm* hin, der von den Gipfeln des Lichts herabsteigt.

12. Oktober – Das göttliche Abenteuer besteht darin, in der Welt zu sein, aber innerlich nicht der Welt zu gehören. Selig der Mensch, der es wagt, auf Gott zu vertrauen, herunterzusteigen von den Höhen der Eitelkeit, zum Diener zu werden, vergessen zu werden und nichts mehr zu gelten. Das macht uns fügsam für das göttliche Wirken unter den Brüdern. Auf den eigenen Willen verzichten und, durch den Gehorsam, Wille Gottes werden. Verzichten auf Geld und Reichtum, und durch die Armut frei werden.

19. Dezember — Wenn das Evangelium von uns verlangt, uns selbst zu verleugnen, fordert es in Wirklichkeit keinen Verzicht, sondern bietet einen Gewinn an. Anstelle des menschlichen Ehrgeizes entzündet es in uns einen göttlichen Eifer. Es fordert uns auf, Gott an die Stelle unseres Ich zu setzen. Das heißt, wir sollen uns von der menschlichen auf die göttliche Ebene erheben, Gemeinschaft haben mit der Dreifaltigkeit. Das ist eine Demut, die eine unendliche Größe erwirkt. Darum erscheint von jenem Gipfel her die Welt armselig, und ihre Reichtümer werden wie Spreu und ihre Schätze wie Sand.
Sich selbst verleugnen, um immer bei Gott zu sein. Das Ewige in die Zeit hineintragen und die Erde zum Himmel machen. Dann wird der Schmerz den Menschen erheben und das Kreuz eine Tür zu Gott werden.

26. Dezember — Das Leben ist eine einzigartige Gelegenheit, um zu lieben. Unwillkürlich sind wir geneigt, uns den Nächsten zunutze zu machen. Lenken wir diese Anlage in göttliche Bahnen. Sich den Bruder in christlicher Weise zunutze zu machen, heißt ihn lieben, ihm dienen, so daß wir bei Gott Schätze sammeln; er kann für uns zur Quelle Gottes werden, zur Quelle ewigen Lebens, eines grenzenlosen Reichtums, einer Freude in diesem und im anderen Leben.

1957

18. Februar – Jemand, der sich nach einem Leben in der Sünde zu Gott bekehrt hatte und seit einigen Jahren im Kloster lebt, sprach mit mir von seiner Enttäuschung. Er habe jetzt die Absicht, auf einem anderen Wege Christus zu finden. Ich sagte ihm, der Wille Christi sei die Einheit: *Alle sollen eins sein,* und Trennung bedeute, sich seinem Willen entgegenzustellen. Er klagte über den Geiz, der ihm begegnet sei, über die geistige Unbeweglichkeit.

Ich sagte ihm, für die Fehler der anderen seien wir vor Gott nicht verantwortlich. Wir sind verantwortlich für das, was wir tun, daß wir dem göttlichen Gesetz gehorchen. Die Fehler der andern befreien mich nicht davon, die Liebe zu üben. Christus lebt, die Kirche ist schon heilig, wenn ich sie nur in mir leben lasse und heilig werde. Man beseitigt die Übel nicht dadurch, daß man flieht; wohl aber dadurch, daß man das Gute dagegensetzt und mit seiner eigenen Person dem Bösen ein Hindernis durch die Tugend in den Weg legt. Man heilt das Übel des Lebens der Kirche nicht, indem man ein anderes Übel hinzufügt, was einer Fahnenflucht gleichkäme.

26. Februar – Mit Recht vergleicht man den Lauf des Lebens mit dem Zyklus der Jahreszeiten. Das Leben wächst wie ein Baum, der blüht und Früchte bringt, und in seinen Zweigen nisten die Vögel. Dann kommt die rauhe Jahreszeit, es kommen die Prüfungen, die Stürme, und sie entlauben die Äste. Sie werden kahl, der göttliche Gärtner naht und beschneidet sie. Er beschneidet sie und reduziert den Baum auf das Wesentliche: das Kreuz.

Das Leben: ein Reifen zur Einsamkeit hin. Am Ende bleibst du allein. *Solus cum sola.* Dann ist deine Seele nur noch im Gespräch mit Gott. Zu diesem großen Ziel führen Enttäuschungen und Leiden, Verluste und Todesfälle.

25. Mai – Wenn ich zurückblicke auf das, was ich getan habe, so sehe ich mein Leben am klarsten in folgendem Bild widergespiegelt: Mein Leben ist wie ein Baum im Herbst, der seine Blätter verliert und kahl wird. Nacheinander vergehen alle Illusionen: Politik, Literatur, Freundschaften, Besitz, Ansehen … Aber das ist eine vordergründige Sicht. Sobald das Auge ein wenig tiefer durch den äußeren Schein hindurchblickt, zeigt sich, daß diese Ablösung von allem, was in meinem Alltag von Bedeutung war, eine Befreiung ist. Selbst daß der Einsatz für den Glauben von Leuten des Glaubens nicht anerkannt wird, ist ein Erweis väterlicher Liebe. Gott will die absolute Liebe, die reine, selbstlose Liebe. Er will um seiner selbst willen geliebt werden. Auch die Menschen sollen wir um *seinetwillen* lieben – also nicht unseretwegen, nicht menschlicher Vorteile wegen, nicht für weltliche Lorbeeren und Auszeichnungen. Gott allein. Zu diesem Ziel führt der Lauf des Lebens immer. Wenn es nicht so ist, dann verpaßt man die einzigartige Gelegenheit, das Lebensziel zu erreichen. Man verpaßt diese Gelegenheit auch, wenn man versucht, den Strom anzuhalten. Dann wird er zur Pfütze, und das Glitzern des stehenden Wassers kann denselben Eindruck erwecken, wie ihn die Glasperlen auf die Eingeborenen machten, die sie für Perlen hielten.

Die einzige Perle ist ganz allein *die Liebe.*

6. Oktober – Immer entschiedener werde ich zu dem Gekreuzigten hingeführt: hin zum Kreuz und weg von der Welt. Die Spur, auf die ich gewiesen werde, ist Maria; denn der Weg des Kreuzes ist der Weg Mariens.

Wie kann einer, wenn er das Leben mit den Augen der Schmerzhaften Mutter betrachtet, Gefallen haben an einer Schrift, an einem Lob, wenn neben ihm der Sohn am Kreuz hängt? Wie Maria muß ich vor ihm stehen, und also vor der Menschheit, die in ihm zusammengefaßt ist. Sie *stand* zu Füßen des Kreuzes, als er starb und alles zusammenbrach. Sie stand aufrecht, gestützt allein auf die Liebe, in der auch der Schmerz besiegt war. Und als er herabgenommen wurde, hielt sie den Gekreuzigten auf ihrem Schoß; tot hielt sie ihn auf dem Arm, wie sie ihn vor dreiunddreißig Jahren als Kind getragen hatte. Nie war sie mehr Königin als da, wo sie so ihren Schmerz besiegte: Sie, ein Mensch, ein Geschöpf, hielt ihren toten Sohn auf dem Schoß, der Gott war. Sie stützte sich auf jenen Toten, der das Leben war.

Der Schmerz der Gottesmutter entsprach dem Schmerz des göttlichen Sohnes, als er sich am Kreuz vom Vater verlassen fühlte. Das menschlich-göttliche Drama Mariens vervollständigte das göttlich-menschliche Drama Jesu: ein einzigartiges Geschehen des Erlösungswerkes, denn in dieser Verlassenheit wurden wir, zerstreute Kinder Adams, heimgeholt.

Als ich über dieses Geheimnis – die königliche Würde des Schmerzes – meditierte, am Abend des 1. Oktober, des Marienmonats, wurde ich nach dem Gebet in meinem Innersten plötzlich ganz frei von allem Menschlichen und Irdischen. Ich spürte die Nähe der Gottesmutter unter dem Kreuz, die meine Seele mit ihrem Schmerz und ihrer Liebe erfüllte. Und sie ließ mich verstehen, wie oberflächlich meine Zuneigung zu vergänglichen Dingen ist. Sie *stand* – wie ein Altar, auf dem das Opfer dargebracht wird. *Virgo altare Christi* – die Jungfrau, der Altar Christi. Meine Seele war ihre Bleibe: der Tempel. Die

Teilnahme an ihrem Schmerz und die Liebe zu ihr bewirkten eine Einheit zwischen ihr und der Seele, und es schien, als ob sie meine Seele würde: Sie nicht mehr mein Gast, sondern ich ihr Gast. Mir kam das Wort: ,,Nicht mehr ich lebe, sondern Maria lebt in mir."

Ihre Gegenwart hatte meine Seele wie jungfräulich, hatte mich marianisch gemacht. Das Ich schien tot, und an seiner Stelle Maria. Ich fühlte nicht mehr das Bedürfnis, meine Augen zu den Madonnenbildern zu erheben. Es genügte mir, die Augen der Seele auf mein Inneres zu richten, um statt des gewohnten häßlichen und grotesken Abgottes ihre erhabene Schönheit zu erblicken, die Mutter der schönen Liebe. Und dieser arme, leidende Leib erschien mir wie eine Kathedrale, in der Maria mit dem toten Sohn den Bräutigam herbeiruft, und durch ihn die Nähe des dreifaltigen Gottes. Wenn ich nicht der letzte Lump sein will, muß ich heilig werden und dieser Wirklichkeit entsprechend leben. Hatte ich mir nicht vorgenommen, dieses Jahr sollte das Jahr der Heiligung sein, und das heißt, daß ich Gott anstelle meines Ich den ersten Platz einräume.

25. Oktober – Bei meiner ganzen Armseligkeit erschrecke ich bei dem Gedanken, daß ich ein Tempel des dreifaltigen Gottes bin und sein soll: den Vater aufnehmen – das Sein, den Sohn – die Weisheit, den Heiligen Geist – die Liebe. Auch darüber freue ich mich, daß Maria, meine Herrin, die Königin und Seele meiner Seele in mir lebt. Nur sie, die Tochter, kann den himmlischen Vater aufnehmen. Nur sie, die Mutter, kann den Sohn aufnehmen. Nur sie, die Braut, kann die göttliche Liebe aufnehmen. So kommt die Dreifaltigkeit in die armselige Hütte des Menschen und verwandelt sie in einen Tempel. Wo die Macht Gottes herabsteigt, wird der Heiland geboren, atmet der Geist, und Maria ist zugegen. Ich existiere nicht: Ich bin in ihr verloren und durch sie in Gott. Und danach habe ich gestrebt.

15. November – Ich habe den Eindruck, im Herbst des Lebens angekommen zu sein. Die letzten Früchte sind geerntet und verzehrt, die letzten Blätter von kalten Winden heruntergerissen. Ich weiß, daß mir die innere Jugend geblieben, ja fast noch stärker geworden ist durch die Prüfungen. Mangel an Zuneigung und Anerkennung von seiten der Menschen haben sie gefestigt, fast zugespitzt wie den Bug eines Schiffes, der in das Geheimnis eindringt. Ja, es scheint, daß die Pflanze sich darauf vorbereitet, neue Früchte zu bringen in der Ewigkeit.

Ohne mich entmutigen zu lassen, und immer wieder neu habe ich mich bemüht, mich für Menschen und Institutionen eingesetzt und aus Idealismus gedient. Und ich glaubte, ich hätte mich ihnen freudig und rückhaltlos hingegeben. Heute scheint mir, wenn ich zurückblicke, daß ich eine Serie von Mißerfolgen hinterlassen und Undank geerntet habe. Wie wenn Menschen und Dinge, einer nach dem anderen, mich ausgenutzt und enttäuscht hätten. Alle haben genommen, wenige, nur ganz wenige haben gegeben. Ich verstehe es und wundere mich nicht. Der Fehler besteht darin, Dank von Menschen zu erwarten, während er von Gott kommt. Und Gott hat mich nicht enttäuscht. Er erfüllt mein Herz täglich mit neuer Liebe, die immer bereit ist, von vorn anzufangen. Habe ich nicht oft geschrieben, daß man dem Bruder dient, indem man dem Vater dient? Daß man Gott liebt, indem man den Nächsten liebt?

Die Erfahrung bestätigt die Lektion: Dinge und Menschen dürfen nicht für sich, noch weniger für mich geliebt werden, sondern für Gott. Und Gott gibt das Hundertfache in diesem Leben und das ewige Glück im anderen. Und das tut Gott gerade im Augenblick.

Blätter und Früchte fallen, aber aus dem Laubwerk erblüht ein neuer Frühling. Mit dem nahenden Winter wächst die Einsamkeit; doch dabei richte ich meinen Blick auf Gott. Gott kommt näher, und die Beziehung zu ihm wird tiefer und einfacher. Je mehr nach menschlichen Maßstäben verlorengeht, desto mehr gewinnt man in den Augen Gottes. Die Geschöpfe lösen sich von mir, weil ich mich an den Schöpfer binde. Ich finde die Liebe nicht, damit ich *die Liebe* finde.

Meine Zeit geht zu Ende. All mein Tun und die Reaktion der Menschen darauf werden zu Ende sein, wenn ich endlich bei Gott bin. In ihm gibt es keine Geschichte mehr. Sie ist ja eine Aufzeichnung der Zeit, gleichsam ein Totenregister. In der Ewigkeit ist das reine Leben, und es ist erfüllt, weil es in Einheit mit Gott gelebt wird. Und Gott ist jenseits der Zeit mit ihren Jahreszeiten, ihren Früchten und Blättern.

So gesehen, ist das Leben wie ein Baum, der in den Himmel wächst, um in der Ewigkeit zu blühen. Der Wechsel der Jahreszeiten, Krankheiten, Enttäuschungen und Schmerzen sind das Beschnittenwerden. Der Baum wächst unter einem Regen der Tränen, um geläutert zu werden, bis er klar und rein von der Erde zum Himmel hin aufgerichtet steht.

Das Leben ist nichts anderes als ein Reifungsprozeß, und der geschieht durch die Läuterung, die der Schmerz bewirkt. Dann kommt die Zeit der Ernte, und Gott holt die Früchte ein; er verpflanzt den Baum in den Himmel.

6. Dezember – Wenn das Leben wie ein Feuer ist, dann muß sich unser Leib darin verzehren, indem wir unaufhörlich diese Hingabe mit unserem Gebet begleiten. So entsteht unter einem anderen Aspekt die Einheit von Menschlichem und Göttlichem, von Leib und Geist; immer als Abbild der Einheit des Gott-Menschen. Jeder Akt der Liebe, der von diesem Feuer beseelt ist, entfacht eine Flamme. Jeder uns zugefügte Schmerz wird verbrennen und sich wie auf einem Altar verzehren, wenn die ganze Liebe und das Leid – das zu Liebe gewordene Leid – dahin mitgenommen wird, wo die eigene Schwerkraft es hinträgt: zur ewigen Liebe. So geht auch die Materie ein in die Beziehung mit Gott, und sie erhält eine Stimme, die zum Gebet wird. Auch die Materie, auch die Zellen sind geschaffen, um zum Schöpfer zurückzukehren.

1958

6. *Januar* – Wie gerecht und weise ist der Herr, der nicht nur Vater, sondern auch Lehrmeister ist. Er hat meine Schriften, die ich ihm gewidmet habe, angenommen, und jetzt nimmt er mich beim Wort. Nachdem ich sie geschrieben habe, will er jetzt, daß ich sie lebe, daß ich sie in lebendige Erfahrungen umsetze, mit Leib und Seele: was ich über die Entsagung geschrieben habe, das Schweigen, das Unverstandensein, den Schmerz. Der Herr würdigt mich, nach seinem Beispiel zu leiden; er gewöhnt mich an den üblichen Lohn, daß man das Dienen nicht honoriert und Liebe mit Verlassenheit vergilt. Heute, am Tag der Erscheinung des Herrn, sehe ich ihn als Erlöser, der uns mit seinem Blut losgekauft hat; und er nimmt auch mein kleines Leiden mit hinein für die Erlösung der Menschheit. Mein Schmerz wird also nicht vergeudet oder zurückgewiesen. Wenn die Dankbarkeit der Menschen fehlt, so erfahre ich doch die Dankbarkeit des Schöpfers. Jetzt, und nicht wo ich Bücher schrieb, nehme ich mit Christus teil an seinem universalen Erlösungswerk. Jetzt, wo ich menschlich gesehen nichts mehr gelte, vereinigt mich Christus mit seiner Würde als Erlöser. Es scheint ein Niedergang zu sein, aber es ist ein Aufstieg.

26. *Februar* – Das Beschnittenwerden geht weiter. Abgeschnitten werden Freundschaften, Hoffnungen, Freuden. Als Schriftsteller werde ich nicht mehr gelesen, als Katholik werde ich nicht mehr akzeptiert, als Politiker nicht mehr beachtet. Ich hatte mich einer religiösen Gemeinschaft angeschlossen und

hatte die Einheit in Christus in der Gemeinschaft mit Maria und die Freude gefunden. Und nun haben mir mein Dilettantismus und meine Geltungssucht, mein Urteil und die Unfähigkeit zum Gehorsam die Verbindung unmöglich gemacht, die von sich aus schon fast zerrissen war; nur dünne Fäden hielten sie noch. Ich könnte Vorwürfe der Inkonsequenz und der Undankbarkeit machen. Aber wer versichert mir, daß sie nicht aus verwundeter Eigenliebe kommen und die Liebe verletzen? Es ist besser, daß ich mich schweigend zurückziehe: in das Schweigen des Winters, wo der kahle Strauch seine dürren Äste nur noch zum Himmel ausstrecken kann. Alle Liebe, die ich geschenkt und empfangen hatte, ist dahin wie die Sonne des letzten Sommers. Sie ist der Kälte gewichen, die mir alle Glieder, Herz und Geist erstarren läßt. Ich möchte schreien: *Mein Gott, mein Gott, warum hast du mich verlassen?* Aber ich fürchte, es könnte zu einer Redensart werden, ich wäre ein Theaterspieler. Und dann spüre ich, wie in meinem Geist eine stille Freude aufsteigt, wie von einem tiefen Frieden, und sie bringt mit sich gleichsam den Duft von Blumen, die den Namen *Maria* wachrufen und ihre Nähe spüren lassen. Wenn ich so meinen Winter und die Einsamkeit betrachte, erscheint es mir wie eine Poesie. Die Nähe der Gottesmutter läßt mich trotz allem die Poesie der Jugend und mit der Sehnsucht den Frieden spüren. Ich werde mehr als vorher lieben, aber ohne mich zu wichtig zu nehmen, schweigend, nicht indem ich mein Ich in den Vordergrund stelle, sondern indem ich Gott den ersten Platz in meinem Leben gebe, der heiligen Liebe.

1. Mai – Der Schlüssel zum Leben – Beziehungen zu Gott und zum Nächsten – heißt Liebe. Und Lieben heißt dienen. Das ist alles. Einfach wie die Dinge Gottes.
Wenn man vor Gott steht, steht man vor dem Schöpfer, dem Allmächtigen, dem Richter, auch wenn er die Liebe und der

Vater ist und uns mit sich vereint. Die Liturgie, durch die wir ihn ehren, ist ein Dienst. Ebenso müssen die Arbeiten, die wir zu unserem Lebensunterhalt verrichten, geschehen, um ihn in diesem Leben zu lieben und ihm zu dienen.

Der Mensch steht vor jedem Menschen wie vor einem Vorgesetzten – der hl. Vinzenz sagte: vor einem Herrn –, der um so höher steht, je niedriger sein Rang in der Gesellschaft ist. Diese Realität vereinfacht die menschlichen Beziehungen enorm: Ich bin Diener, der andere ist Herr. Ich diene aus Liebe zu Gott; wenn ich dem andern diene, dann diene ich – und das heißt liebe ich – Gott. Der andere macht mir das Geschenk, er erlaubt mir, durch ihn zum König der Könige zu kommen. Er erlaubt mir, in ihm, meinem Bruder, Gott, den Vater zu lieben. Dadurch – nicht nur die Schöpfung und die Erlösung – ist der Bruder für mich ein Spiegelbild Christi. Er ist ein Ebenbild Gottes, und deswegen muß ich ihn behandeln, wie ich Christus behandeln würde. Ich habe also, wenn ich mit einem anderen in Beziehung trete, eine echte Beziehung zu Gott.

Aber wenn das so ist, dann ist es absurd und unnütz, mich darüber zu beklagen, daß die anderen mich nicht lieben und mir nicht dienen. Ich habe das Recht, ihnen zu dienen, nicht bedient zu werden. Wenn darum meine Hingabe von den andern mit Undank, Unverständnis und Zurückweisung beantwortet wird, darf ich nicht meinetwegen traurig sein, höchstens ihretwegen. Meine Pflicht ist es zu geben, nicht zu empfangen. Was in der Liebe zählt, ist lieben: *lieben* (aktiv), nicht *geliebt werden* (passiv).

Dieses Handeln, dieses Geben und Dienen ist im Grunde das Leben; ein Leben, das nicht enttäuscht. Und ein solcher Dienst verschafft einem das ewige Leben.

In den dunklen Stunden, in denen diese Klarheit sich trübt, muß ich mich wie Christus am Kreuz sehen: verachtet, verwundet, verlassen, ganz und gar verlassen. Aber dadurch hat er uns erlöst und ist auferstanden, und darum wird er seit zwanzig

Jahrhunderten von den Großen der Menschheit geliebt: von den Märtyrern, die ihm ihr Blut opfern; von den Aposteln, die ihm ihre Mühsale schenken; von den Jungfrauen, die um seinetwillen auf alles andere verzichten; von den Eltern, die für ihn das Abenteuer der Familie auf sich nehmen.

Gerade also wenn Verlassenheit und Mißerfolge wie ein Unwetter über mich kommen, gerade dann erreiche ich die höchste Würde im Einswerden mit dem Verlassenen, gerade dann diene ich am meisten der Sache der Kirche, der Erlösung und meiner eigenen ewigen Glückseligkeit.

Wenn ich allein bleibe in dieser Trostlosigkeit, die aber fruchtbar wird durch selbstloses und unbeachtetes Dienen, dann bin ich eins mit der heiligsten Dreifaltigkeit, mit der Jungfrau und Gottesmutter Maria, mit den Seligen im Himmel und mit den liebenden Menschen auf Erden. Ich habe nicht nur die Gemeinschaft einiger, ich habe die Einheit und die Solidarität aller in der umfassenden Gemeinschaft, die die Kirche ist.

Also keine Dankbarkeit oder Dienste von den anderen erwarten; dazu hat man kein Recht. Wenn ich durch den Dienst am Nächsten Gott diene, müßte ich den Dank, wenn überhaupt, von Gott erwarten. Und das heißt: Ich erwarte mir alles von Gott und nichts von den Menschen; und ich erwarte es nicht als Dank – ich Armer! Alles, was ich habe und was ich gebe, ist ja von ihm –, sondern als Geschenk, auch wenn es ihm gefällt, es seinem Diener als Verdienst oder Lohn zu geben.

Wenn es darum in den zwischenmenschlichen Beziehungen einen gibt, der das Recht hat, enttäuscht zu sein, so nicht ich, sondern der Bruder, ganz gleich welcher. Er hat ja das Recht, bedient zu werden; und wenn ich ihm nicht diene, hat er das Recht, enttäuscht und über mich traurig zu sein, und Gott mit ihm.

Man erfüllt seine göttliche und menschliche Aufgabe, nämlich zum Leiden Jesu beizutragen, indem man leidet, nicht indem man Leid zufügt. Und der Schmerz über die Undankbarkeit und die Kränkungen des Bruders wird in der Ökonomie der göttlichen Gerechtigkeit und Liebe auch ein Dienst. Ein Dienst an Gott im Nächsten. Das Böse, das uns der Bruder antut, gereicht zu seinem Besten. Im Dienen wendet sich alles zum Guten.

Dienen ist herrschen. Das ist die Revolution des Kreuzes.

18. Mai – In den Fragen, die das Leben stellt, kann ich verschiedene Lösungen anbieten, je nach dem Gesichtspunkt, von dem ich ausgehe. Gehe ich von der Liebe aus, begegne ich dem Fall in einer Weise, gehe ich von meinem eigenen Interesse aus, in einer anderen. So ist es mit der Trägheit, dem Egoismus, der Eitelkeit ... Oft werden es verfehlte oder fehlerhafte Lösungen sein. Ich mache es in jedem Fall nur dann nicht verkehrt, wenn ich von der Liebe ausgehe, wenn ich Menschen und Dinge mit dem Herzen Jesu und mit den Augen Mariens sehe. Und das bedeutet, wenn ich sie sehe im Licht des Heiligen Geistes, der die Liebe ist.

20. Juni – Wenn man alt wird, vergeht die Poesie des Frühlings; die jugendliche Anmut der Frau, Farben und Natur, Kunst und Technik verlieren ihre Anziehungskraft. Jetzt, da alles der Blüten und Blätter beraubt ist, erhebt sich in der Öde, allein, die Poesie der Gottesmutter: Maria blüht auf, und sie erfüllt alle Leere, sie erhellt das Dunkel und stimmt den Hymnus der Schöpfung an. In ihr ist alle Schönheit, die Poesie, die nicht vergeht; aber ihr Name blüht nur in der Wüste, und alles erhält jugendliche Schönheit.

Ich brauche alle und niemanden. Allein Gott, ihn allein brauche ich. Ohne Nahrung kann ich nicht leben. Ohne Luft ersticke ich. Ohne Kleidung friere ich. Ohne Freundschaft bin ich ein trauriger Mensch. Angehörige und Freunde schenken mir Freude. Rivalen und Feinde nützen mir: Sie zwingen mich zu vergeben und fordern die Liebe; und Lieben schenkt Freude. Und doch brauche ich nichts und niemanden; denn ich kann auch sterben. Wenn aber Gott da ist, ist alles in *ihm* nichts, und das Nichts ist für *ihn* alles. Den Tod macht er zur Pforte des Lebens und die Verlassenheit zur Epiphanie. Durch ihn wird das Leiden der Weg zum Himmel. Wieviel Gutes haben mir Eltern und Geschwister, Frau und Kinder, Verwandte und Wohltäter von Kind an bis heute getan! Wenn ich sie verliere, finde ich sie im Himmel wieder. Wenn ich aber Gott verliere, verliere ich alle und mich selbst. Alle sind eine Hilfe, aber nur Gott ist notwendig. Allein mit ihm habe ich alle bei mir.

23. Juni – Da ich mit Schmerz dieses Fallen der Blätter – der Illusionen des Ruhms, der Macht und der Freundschaften – vom Baum meines Lebens betrachte, in diesem Herbst, der auf den Winter zugeht, bemerke ich noch deutlicher, daß die zunehmende Einsamkeit, die mich umgibt, eine intensivere liebende Begegnung mit Gott ermöglicht. Die Seele findet endlich Zeit und Gelegenheit zum Gespräch mit ihrem Bräutigam. Man sieht diese Einsamkeit an als ein Vorspiel zum Tode, doch sie ist ein Vorspiel des Lebens. Jetzt endlich kann sich meine Seele ganz öffnen, um auf den Heiligen Geist zu hören, mit den Engeln und Heiligen zu leben und sich mit Jesus zu vereinigen, um mit Gott vereint zu sein, und Gott ist das Leben. Früher hinderten viele Zerstreuungen und Unterbrechungen das Wirken des Heiligen Geistes, der das Leben ist. Jetzt allmählich wird die Einheit beständiger. Ich beginne zu verstehen, was das Leben des Himmels ist, und bereite mich darauf vor.
Immer habe ich Gott erreichen wollen, weil ich immer hungrig nach Leben war. Aber wenn ich ihm auch näherkam, so blieb ich doch bei meinen Studien, bei meinen Freundschaften und

Gewohnheiten stehen; ich hielt mich bei den Geschöpfen und bei meinen Vorstellungen auf; ich opferte das Wesentliche dem Unwesentlichen, das Göttliche dem Menschlichen.

Jetzt ist der Weg frei. Ich und Gott. Ich, um mich in Gott zu verlieren. Ich, der ich nicht bin, um mich zu verlieren in Gott, der ist. Ich will jenen Raum nicht wieder mit den Trümmern der Enttäuschungen und Schmerzen, des Unwillens und des Neides füllen. Jetzt habe ich allein Gott, ganz Gott; gibt es etwas Besseres?

1. September – Wenn der Gipfel des Christseins im Dienen besteht, ist es nutzlos – Verlust von Zeit und Frieden –, im eigenen Ich zu sondieren und nach verletzten Rechten und Ansprüchen zu suchen. Wenn Christsein dienen heißt, dann gibt es keine Rechte, die verletzt werden könnten. Es gibt nur Pflichten zu erfüllen, und beklagen dürfte man sich höchstens, wenn man daran gehindert würde, durch den Dienst am Bruder Gott zu dienen.

So gesehen, müßte jede vermeintliche Nichtanerkennung von Rechten oder Würden wie eine Bestätigung oder Sanktionierung angesehen werden. Denn jeder, der mich nicht achtet oder der mich beleidigt, hilft mir, daß mein Tag Geschmack und Farbe bekommt, nämlich vom gekreuzigten Christus. Wenn man sich verlassen glaubt, dann ist man mit ihm am Kreuz, in der Verlassenheit mit ihm. Wir sind der *eine* Christus, der schreit.

2. September – Wenn du dich zu nichts machst, wirst du von Gott erfüllt. Wenn du die Demut übst und zufrieden bist, lösen sich deine Probleme, und dann suchst du keinen Reichtum, da du ja die Armut liebst. So befreist du dich von der Habsucht, an der die Menschheit krankt; und durch Beleidigungen und Mißverständnisse wächst in dir die Tugend; du befreist den Geist von der Fessel verletzten Stolzes. Dann hast du keinen Grund, dich über irgend jemanden zu erheben, und du schaffst Raum, daß die lebendige Liebe kreist; du findest die menschliche Familie und die göttliche Dreifaltigkeit, du findest die Kirche und lebst als Mitbürger der Heiligen.

Dann bist du einfach und bescheiden, ein froher Mensch und vor allem frei. Du wirst Maria ähnlich, die durch ihre Demut die Menschwerdung ermöglichte; und in gewisser Weise vollzieht sich in dir die Menschwerdung Gottes für die anderen.

9. September – Wenn uns die Menschen verlassen, öffnet sich uns die Wüste, in der Gott auf uns wartet. Die täglichen Demütigungen machen diese Wüste urbar. Und siehe, in der verlassenen Weite erblüht als Baum des Lebens, allein, der Stamm des Kreuzes. Und zu seinen Füßen erblickst du Maria. Calvaria wiederholt sich, und du darfst dabeisein als Zuschauer und als Mitspieler. Denn du nimmst ja teil an dem heilbringenden Opfer, und das hat sicher mehr Gewicht als alles Gejage und Geschrei, das uns umgibt.

Das Kreuz ist der Ort der Begegnung mit Gott, der Mensch wird, um dich zu erlösen, und mit dem Menschen, der Gott wird, wenn er erlöst ist.

Priestertum, Jungfräulichkeit und Ehe sind wie die drei Seiten eines Dreiecks: Zwei Seiten ragen zum Himmel auf, sie sind auf Gott ausgerichtet und treffen sich in ihm; die dritte Seite breitet sich auf der Erde aus; von dieser Seite kommen die Priester und jungfräulichen Menschen und verbinden sie mit dem Himmel. Die beiden ersten Seiten vermitteln die göttlichen Gnaden; die dritte inkarniert die Gnaden in der Menschheit. Gleichzeitig nimmt sie die Anliegen der Menschheit auf, die sie über die beiden anderen Seiten zum Himmel leitet. In diesem Dreieck durchdringt das Göttliche das Menschliche und das Menschliche das Göttliche. Wenn die Liebe die Seiten durchströmt, sind sie drei und eins, sind sie die Brücke, durch die Gott die Inkarnation seines Sohnes bewirkt. In der Mitte steht Maria, die Mutter Christi, des ewigen Priesters, die Jungfräulichkeit und Mutterschaft in sich vereint.

1. Oktober – Die Weisheit des Gekreuzigten gebietet die Loslösung von aller menschlichen Anhänglichkeit: Sie lehrt die Befreiung. Und damit diese nicht zu einem Egoismus wird, lehrt sie gleichzeitig die Liebe, die Dienst an den Menschen ist. Wenn wir diese Loslösung als Norm der Weisheit nicht freiwillig annehmen, wird sie uns aufgezwungen werden. Denn allmählich werden Menschen und Dinge uns verlassen (wir werden erstaunt sagen: verraten). Mit den Jahren unseres Lebens wächst die Einsamkeit und Verlassenheit. Nachdem Christus dem Vater im Himmel und den Menschen auf Erden gedient hatte, gab er am Kreuz sein Leben; und er muß schmerzlich erfahren, daß er von seinen Jüngern auf der Erde und vom Vater im Himmel verlassen ist. Das ist die Logik der Erlösung. Wer mit dieser Verlassenheit lebt, wer von sich aus diese Loslösung vollzieht, der braucht sich nicht zu fürchten. Wer das nicht tut, wird Trauer, Kälte und Einsamkeit erfahren.

5. Oktober – Wenn ich an bestimmte Heilige denke, dann sind sie mir nahe wie meine Angehörigen, auch wenn mich Jahrhunderte von ihnen trennen: ein Paulus, ein Augustinus, eine Agnes ... Von Agnes weiß ich fast nichts, und doch steht sie mir als Mutter, Schwester und Lehrerin nahe ... Und Katharina und Klara, Bernhard und Teresa, Vinzenz, die kleine Therese ..., Bekannte, denen besondere Gnadengaben zuteil wurden. Dann versteht man die Vereinsamung noch besser: Sie ist eine Heimkehr, die hier unten beginnt, eine Heimkehr zur Familie, in der mit dem Vater und der Mutter und dem einzigen Bruder im Heiligen Geist all diese Kirchenlehrer, Bekenner und Märtyrer beisammen sind, alle diese gottgeweihten Jungfrauen, die Mütter und Kinder, alle wie Engel. Es ist ein wahres Fest. Und jeder von ihnen lehrt uns, alle zu lieben, zur Freude Mariens, die die Liebe selbst ist.

Mein Vorsatz für heute, zu Füßen der hl. Maria Magdalena: Schweigen und Selbstverleugnung. Schweigen nach außen hin, Selbstverleugnung im Inneren: Das ist die Leere, die Gott ausfüllt. Und tatsächlich kehrte sogleich jene Freude zurück, die Gott schenkt.

11. November – Wie kann man sich überhaupt langweilen, solange die Stadt Gottes aufzubauen ist? Wie kann man unter Trostlosigkeit leiden, wenn man in der Vereinigung mit Gott leben kann? Wie kann man sich einsam fühlen, wo man doch gerade in der Einsamkeit mit Gott sprechen kann? Das *Wort* verlangt das Schweigen.

1959

17. Januar – Von Gott her gesehen, ist dieser Vorgang, den man Altwerden nennt, ein Vorangehen auf Gott zu. Man kommt dem Vaterhaus näher, und bald hat der Heimkehrer sein Ziel erreicht.

20. Januar – Dieses mühsame, aber beständige Sich-Loslösen von den Gegebenheiten des menschlichen Lebens und dieses Sich-Versenken in Gott ist gleichzeitig ein Sich-Versenken in Maria. Man findet zur Vereinigung mit Gott in dem Maße, wie man sich mit Maria vereinigt: Maria werden heißt Jesus werden. Sie hält uns und reinigt uns, sie schenkt uns in allem Dunkel und Zusammenbruch das Licht und stärkt uns. Sie, die Mutter und Königin, weist uns den Weg und lehrt uns; sie macht uns frei, indem sie uns ständig zu Kindern Gottes macht, damit wir uns ohne Unterlaß zum Vater hin bewegen. Sie ist die Pforte des Himmels, und man geht durch sie zu Gott, der der Himmel der Seele ist. Das Martyrium und das Opfer, die es kosten kann, begleitet Maria mit ihrer mütterlichen Nähe und dem Licht der Hoffnung – gleichsam eine Vorwegnahme des Himmels.

27. Januar – Wie kann man im Leben Langeweile haben, wenn die Stadt Gottes gebaut werden muß? Wie kann man sich vor dem Alter fürchten, wenn es ein Wachsen auf den Himmel zu ist, ein beständiges Voranschreiten auf die Befreiung hin? Und die Befreiung ist Freude, Ewigkeit, Leben.

17. Februar – Heute hast du gemerkt – und es hat dich nicht mehr so leidenschaftlich berührt –, daß du bei einer guten und dir teuren Aufgabe überflüssig bist. Du hattest dich dafür aufgeopfert, aber am Ende standest du mit deiner Sicht der Dinge im Wege. Auch dies ist vielleicht ein Werk der Liebe. Du hast erfahren, daß auch der demütige Dienst nicht mehr zählt. Gott hat dich für seine Werke nicht nötig. Vielleicht dienst du ihm mehr, wenn du nicht im Weg stehst.

18. Februar – Ich sage es immer wieder, daß nicht ich leben soll, sondern Christus in mir; er soll mein Ich ausfüllen. Ich soll eine Leere sein, die von Gott erfüllt wird, ein Nichts, das sich dem Alles ausliefert. Aber dann kreise ich einen großen Teil des Tages nur um mich selbst, führe oberflächliche Gespräche und übe die Schliche der Welt. So bin ich mit mir selbst beschäftigt und bewege mich im Nichts, im Leeren. Weil ich mich einen großen Teil des Tages mit irdischen Dingen beschäftigen muß, achte ich nicht auf die Stimme meiner Seele, ja ich höre sie gar nicht.

Statt dessen müßte ich mich von Gott erfüllen lassen, auch wenn ich mich mit den Dingen der Welt abgebe. Ich müßte Christus leben lassen, immer, bis zur letzten Minute der vierundzwanzig Stunden, ganz gleich womit ich mich beschäftige. Bei jedem Gedanken und jeder Begegnung möchte ich vom Göttlichen durchdrungen sein, so daß das Göttliche meine Natur wird und ich in meinem Verhalten Christus ausdrücke, mit dem Herzen seiner Mutter und nach der Weisung der Kirche. Dann vereinfacht sich alles: Die Ängste verschwinden, der Schmerz erhält einen Sinn, die Natur wird zum Tempel, die Geschöpfe führen mich zum Schöpfer. Du brauchst dich vor den Menschen nicht zu fürchten oder dich über sie zu ärgern, denn du liebst sie; und so, abgesehen von allem andern, begegnest du ihnen nicht aus Eigenliebe, sondern sie führen dich näher zu Gott.

3. Mai – Treulosigkeit, Unglücksfälle, Enttäuschungen ...: Sie fegen wie ein Orkan alles hinweg, was der Götzenkult des Ich mit Sorgfalt errichtet hatte. Es sind Demütigungen, die ängstigen, aber doch läutern. Sie entwurzeln den Hochmut und die Eitelkeit; sie schaffen Klarheit im Verständnis der Dinge und im Handeln; sie offenbaren eine Beziehung, die über uns hinausgeht: Ich nichts – Gott alles. Gott rückt immer mehr in den Mittelpunkt, seine Gegenwart wird stärker, ich erfahre um so tiefer sein Wirken. Auf das gute Erdreich fällt der Same der göttlichen Gnade, und es wächst das wahre Leben.

Daraus entsteht eine neue, klare innere Einstellung – gleichsam von der göttlichen Weisheit her –, die mich nicht mehr leiden läßt wegen Enttäuschungen, Undank und Beleidigungen. Ich litt darunter, weil ich im Nächsten mich, immer nur mich sah. Jetzt sehe ich im Bruder Christus, auch im irrenden Bruder; denn Christus ist für die Sünder gekommen. Das, was allein zählt, ist lieben – auch die Irrenden, aus Liebe zu *ihm. Ihn* in den Irrenden lieben, so daß sich das Leben umwandelt in Liebe zu Gott. Wie ich ihn liebe, wenn ich Mühen und Anstrengungen auf mich nehme, so liebe ich ihn, wenn ich verachtet werde. Entscheidend ist, daß ich mich nicht trennen lasse von ihm durch die Barrieren von Lieblosigkeit und Eitelkeit.

5. Juli – Gesellschaftlich gesehen ist Christsein nichts anderes als Dienen. Das Dienen ist die höchste Würde des Menschen, der Weg, der zu Gott führt. Denn Dienen bedeutet lieben mit Taten, wie Christus uns liebte, indem er alles gab, ohne etwas zu fordern. Wenn man beginnt, eine Antwort und Dank zu erwarten, dann steigt man von einer Ebene des Göttlichen auf eine Ebene des Untermenschlichen.

Zwischen zwei Menschen, die Gott lieben, ist das Gespräch natürlicherweise ein Gespräch der Liebe, in dem die großen Worte der Liebe gewechselt werden: Jesus – Maria. Und so ist ihre Liebe Heiliger Geist.

10. Juli – Das Bewegendste an der Liebe der Gottesmutter uns gegenüber ist, daß sie uns gewährt, sie zu lieben. Sie zu lieben als diejenige, die von allen geliebt wird. Diese Liebe macht sie zur Königin, Lehrerin, Gebieterin und Mutter. Auch wenn alles im Leben zusammenbricht, niemand kann es uns nehmen, Maria zu lieben. Und das gibt Freude, weckt Poesie, bringt Schönheit hervor und öffnet den Himmel … (Wenn du die Nähe der Mutter Gottes erfährst, hörst du nicht mehr auf, ihr Lob zu singen: Wer Maria liebt, stimmt ein in ihren Lobpreis, denn Maria ist die Liebe.)

31. August – Am 22. dieses Monats habe ich mich dem Unbefleckten Herzen Mariä geweiht, zusammen mit Tausenden von Brüdern und Schwestern. Durch diese Weihe gehöre ich Maria und bin ich ihr Kind. Ich bin in ihrem Herzen, ich gehöre ihr, wie alles, was ihr geweiht ist. Sie ist für mich Königin, Gebieterin, Lehrerin und Mutter. In ihr wohnte die Liebe Gottes, in der sie ihr *fiat* gesprochen und den Erlöser geboren hat, jene Liebe, aus der das Magnifikat hervorging. Maria zu gehören ist ein Geschenk, das mir hilft, ihr immer wieder neu zu begegnen.

1960

1. Januar – Gott, die heiligste Dreifaltigkeit, Maria: meine Liebe, Frucht eurer Liebe … Ihr habt mir das Leben gegeben, ihr habt mir die Erlösung geschenkt. Jetzt gewährt ihr mir noch Zeit, um Nutzen daraus zu ziehen für das neue Jahr – ob ich es ganz schaffe oder nur zum Teil, das zählt nicht – es ist eine Gelegenheit, euch zu lieben und mein Leben von eurer Liebe durchdringen zu lassen. Gib mir, Herr, wie Maria zu sein, wie jene, die voll von Gott ist und Jesus schenkt. Jeder Augenblick, jede Beschäftigung, jedes Wort, auch das, was am weitesten von Gott entfernt scheint, führe mich näher zu dir. Die vierundzwanzig Stunden des Tages sollen eine immer neue Gelegenheit sein, dich zu ehren, auf daß mein Leben ein Gottesdienst werde. So wird der Schmerz Liebe, das Leiden Läuterung, die Arbeit zum Gebet. Ich möchte dir danken, Herr, daß du uns Maria gegeben hast, die Mutter, Lehrerin, Königin und Gebieterin.

2. Januar – Je älter die Menschen werden, desto größere Bedeutung bekommt für sie der Glaube. Diese Entwicklung sehen manche als Verfall, diesen Fortschritt als einen Rückschritt, als Vergreisung. Aber in Wirklichkeit spürt der alte Mensch die größere Nähe Gottes und des Gerichts – oder besser, daß er bald daheim sein wird.
Wenn die Blätter vom Baum gefallen sind, streckt er seine Zweige gen Himmel aus. Regen, Wind und Blitze treffen ihn, aber er blickt nach oben. Er läßt sich nicht mehr vom Blend-

werk und von allem, was vergeht, täuschen; er gewöhnt sich an das, was bleibt, und kostet schon davon.

In mir lebt Maria, ich unterstelle mich ihrem Willen und sammle mich immer mehr in der Wohnung der ewigen Liebe, deren Meisterwerk die Gottesmutter ist.

3. Januar – Der *Name Jesu* ... Man braucht ihn nur auszusprechen, um alle Trugbilder zu bannen, die Angst zu vertreiben und auf die Trockenheit Liebe und Freude herabzurufen. Er ist das Siegel der göttlichen Hoffnung, auch wenn die immer gleichen Nachrichten von Ehescheidungen und sittlichen Perversionen – eine grotesker als die andere – die Meldungen beherrschen; Ausflüchte aus dem Elend und Quelle neuer Probleme. Jesus ist die Kraft, er hat den Schmerz geduldig getragen und gibt uns die Sicherheit der Auferstehung; er ist der Sieg über den Tod, die Hingabe an den Bruder und durch den Bruder an den Vater. Jesus setzt dem Bösen ein Ende – das Böse ist Heuchelei, Berechnung, Ausbeutung. *Er* ist der Herr über die Zeit. *Er* will, daß wir alle eins sind: alle Jesus. Das ist das größte Geschenk seiner Liebe, daß wir alle *er* werden. Deshalb wenden wir uns an Maria, die Magd des Herrn, um die Welt an Jesus zu geben. Sie fährt fort, in uns Jesus zu bilden, bis das Ich nicht mehr da ist und nicht mehr jeder von uns lebt, sondern Christus in uns.

4. Januar – Wenn wir alles geprüft haben, was zu untersuchen ist, kommen wir am Ende an einen toten Punkt, an das Hindernis, das das Leben Gottes in uns verwehrt. Dieses Hindernis – hart, der Erde verhaftet wie eine Bestie – ist das Ich, das wir – wenn auch insgeheim – anbeten.

Der Gegensatz, das sieht man, besteht nicht nur zwischen Welt, Fleisch, Geld und Sünde auf der einen und Gott auf der anderen Seite. Der eigentliche Gegensatz liegt zwischen Gott und dem Ich, denn das Ich besteht aus Geiz, Wollust, Ehrsucht ... Der Heilige ist derjenige, der endgültig – oder wenigstens in den entscheidenden Augenblicken, sein Ich beiseitegetan hat, jenes falsche Ich, von dem wir ganz voll sind. Der Heilige schafft in sich eine Leere, indem er jenes widerliche Hindernis beseitigt, und so macht er Platz für Gott.

Seien wir also nicht um uns selbst besorgt, sondern vertrauen wir unser Schicksal Gott an.

5. Januar – Heute ist das Fest einer Jungfrau.* Die Kirche stellt der immer weiter um sich greifenden Verderbtheit, die die Frau zur Ware degradiert, die Jungfräulichkeit entgegen. An die Stelle Evas tritt Maria, deren Wirklichkeit auch in jungfräulichen Menschen sichtbar wird. Sie leben entgegen den Gesetzen der Leidenschaft und der Anpassung an den Zeitgeist eine geistliche Mutterschaft, die den Glauben in der Welt bewahrt. Maria hört nicht auf, den Menschen Jesus zu geben.

Daraus zeigt sich, daß in der Kirche Maria lebt als Jungfrau und Mutter, als die Unbefleckt Empfangene. Und so nimmt sie auch uns Verheiratete hinein in ein Leben der jungfräulichen Reinheit. Diese bringt ein wahreres Leben hervor, das dem Verfall der Sitten und der Verderbtheit widersteht.

6. Januar – Erscheinung des Herrn – auf den Armen Mariens. Dieses Fest begehen wir heute. Und so haben wir es neu erlebt, denn uns wurde das Geschenk gemacht, Jesus, die Kirche, gleichsam in seiner Jugend wiederzusehen, weil Maria da war, um Jesus der Welt zu zeigen: Maria in ihrer Demut, in der

---

* Das Fest der hl. Emilie.

Reinheit und Jungfräulichkeit, die an die Stelle Evas tritt. Das scheint mir das Wesentliche dieser Zeit zu sein, die den Frühling der Kirche erwartet; in dieser Zeit kann, wie es Anna Katharina Emmerick gesehen hat, nur die Gottesmutter den Kopf der Schlange zertreten.

10. Januar – Die Familien müßten sich mehr ihrer sakramentalen Würde bewußt werden und danach leben, das heißt, ihr Leben sollte nicht nur aus Kinder-Kriegen, Arbeit, Krankheit und Pflege, Vergnügungen und Sorgen bestehen. Sie sollten aufgrund des Sakraments nicht nur das natürliche Leben, sondern auch das göttliche Leben weitergeben. Sie sollten ein Abbild der Heiligen Familie sein, so daß der Vater Christus, die Mutter die Kirche und der Sohn Christus-Kirche ist. Die Familie sollte in der Welt eine Präsenz Gottes sein, Kirche, die den Menschen Christus gibt; ihr Leben sollte zu einer Teilnahme am Leben des dreifaltigen Gottes werden, indem sie die Einheit in der Dreifaltigkeit verwirklicht (Vater, Mutter und Kind – ein Herz und eine Seele). Ihr Weg auf Erden wäre ein Weg des Kreuzes, der Erlösung und Auferstehung hervorbringt.

11. Januar – Der Märtyrer von heute* erinnert mich daran, daß ich bereit sein muß, mein Leben für den Herrn hinzugeben. Es gibt Zeiten und Länder, wo die Hingabe des Blutes nicht verlangt wird. Gefordert ist eine andere, nicht weniger wertvolle Hingabe: die des Geistes und des Herzens an die Kirche und für die Kirche. Diese Hingabe erreicht Gott durch unsere Vorgesetzten, die Hierarchie und den Papst.
Für mich könnte es keinen größeren Verzicht geben. Und doch

---

* Der hl. Papst Hyginus, gestorben 142; Namenspatron des Verfassers.

muß es sein! Wenn ich mein Urteil in einer wichtigen Frage zurückstelle und das des Vorgesetzten, und d. h. das von Gott übernehme, dann schenke ich meine Gedanken und meine eigenen Willensentscheidungen. So unterwerfe ich mich dem Martyrium des Geistes und des Willens.

Aber dann stelle ich fest, daß ich das Menschliche abgelegt und das Göttliche gefunden habe, anstelle des Ich finde ich Gott.

13. Januar – Das größte Geschenk, das Gott uns macht, ist die Freiheit; das größte Geschenk, das wir ihm machen können, ist die Freiheit; und das ist die freieste Entscheidung, die wir treffen können.

Dieser Verzicht bedeutet, den eigenen Willen durch den Willen Gottes zu ersetzen. Und das heißt, daß wir er werden, weil wir an seinem Willen teilhaben. Er aber ist die ewige Freiheit. Es ist also nur ein scheinbarer Verzicht, denn er besteht im wesentlichen darin, daß wir das eigene Herz und den eigenen Willen in das Herz Gottes und den Willen der Heiligen Dreifaltigkeit verankern. Mit dem Ziel, sie gegen die Veränderungen des menschlichen Wollens zu stärken und zu sichern.

14. Januar – Das Wirken Mariens in dieser Zeit besteht besonders darin, daß sich die Mutter Gottes dem Einfluß Satans entgegenstellt, der vor allem durch die Pervertierung der Sexualität Verwirrung stiftet.

Maria bringt uns dazu, eine neue Stadt zu erbauen, eine Stadt Gottes, die in ihrer ersten Phase Stadt Mariens (Mariapoli) ist, so verfaßt und organisiert, daß Gott dort herrscht und Maria lcitet.

16. Januar – Der Gedanke an Maria, ihre Gestalt, die Erinnerung an sie erfüllen die Seele mit Licht und Schönheit. Es ist tatsächlich so: Die Seele wird von Maria durchtränkt; sie wird marianisch, sie wird Maria. Als Tochter bringt sie den Vater mit sich und als Mutter den Sohn, als Braut ruft sie den Heiligen Geist herab; als Jungfrau und Mutter gibt sie der Kirche neues Leben, und sie bewahrt die Kostbarkeit der Sakramente. Ihre Demut ruft die Liebe der Dreifaltigkeit herab, mit der Liebe die Weisheit und zu beiden die Reinheit. Die Mutter der Gnaden erfüllt unseren Lebensweg mit Freude, sie belebt die Hoffnung und behütet die Frömmigkeit; sie macht das Leben zu einem Akt der Liebe, weil sie den Schmerz aufopfert und umwandelt. Maria ist voller Anmut. Maria sein, erfüllt sein von ihr, heißt erfüllt sein von Gott. Dann nimmt die Dreifaltigkeit Wohnung in uns und Maria ist die Mutter.

17. Januar – Wenn man hinter das Schweigen und die Zurückhaltung der Heiligen blickt, entdeckt man, daß der Grund ihres unermüdlichen Einsatzes, das Geheimnis ihrer Hingabe, die innerste Liebe, die sie antrieb und bewegte, Maria war. Die Liebe der Heiligen und gleichsam das Licht ihres Geistes und ihrer Genialität entsprachen ihrer Liebe zu Maria. Wenn sie von ihrem Wirken und Reden wieder ins Schweigen zurückkehrten, dann schöpften sie neu aus dieser Liebe, die sie zu Gott hinführte, und Gott lenkte ihren Blick dann wieder auf die Menschen.

Die verborgene Liebe der Kirche ist Maria. Ihre sich immer wieder erneuernde Jungfräulichkeit inspiriert sich an Maria und wird durch die von ihr vermittelten Gnaden genährt.

Bisweilen sprechen die Heiligen wenig von Maria, weil sie ihren Namen und ihr Bild im Grunde ihrer Seele verbergen, gleichsam um ihre unbefleckte Reinheit vor der Verständnislosigkeit und den Schändlichkeiten der Umwelt zu behüten.

18. Januar – Ich bin auf dem Gipfel einer Krise. Nach der einen Seite und nach der anderen öffnet sich ein Abgrund: einer von Licht und einer von Dunkelheit.

Jahre hindurch habe ich gearbeitet, um die Kirche zu verteidigen und ins Licht zu rücken. Und was ist das Resultat? Mein Name wird in den Zeitungen nicht mehr genannt, ich werde zu keinen Tagungen mehr eingeladen ... Das müßte mich eigentlich zutiefst verbittern: Ich bin vergessen, man kennt mich nicht mehr. Und doch, wenn man es richtig bedenkt, ist es auch hier der eifersüchtige Gott, der jede menschliche Anhänglichkeit und jede Stütze wegnimmt. Er möchte, daß mein Werk nur für ihn sei, ohne jede Selbstbezogenheit und darum von einer größeren Schönheit und Kraft.

Gott allein, allein mit der Seele. Ich muß verstehen, daß er eine ausschließliche Liebe zu mir hat und mich der ganzen Einsamkeit stellen.

24. Januar – Wenn man die Zeitung aufschlägt, liest man Berichte und Leitartikel über die Uneinigkeit in der Politik, die aus gegensätzlichen wirtschaftlichen Interessen und Ambitionen verschiedenster Art entsteht. Man liest von Reden und Unternehmungen, um Ordnung zu schaffen und die Einigkeit wiederherzustellen, aber mit wenig Erfolg. Ich denke, daß es in dieser von Egoismus erfüllten Welt ein großes Zeugnis der Liebe braucht. Die Liebe würde alle zu *neuen Menschen* machen, sie ließe Christus in allen leben, und Christus ist eins. Die Politik würde dann mitwirken am Aufbau der Stadt Gottes, in der die göttliche Liebe Wirklichkeit wird bis zur Selbstverleugnung, während sonst die Selbstliebe herrscht bis zur Leugnung Gottes.

Wie lebendig ist dieser Gedanke des hl. Augustinus.

26. Januar – Der Herr zieht mich näher an sich. Er vereinigt sich mit mir, um mich in sich umzuwandeln; und zwar durch jene Pädagogik, fast kann man sagen jene Umwandlung, die sich im Schmerz, im Dunkel des Leidens vollzieht. Wenn ich über den Schmerz nachdenke, erhellt sich das Dunkel im Lichte seiner Passion im Garten Getsemani und auf dem Gipfel von Golgota. Naht das Kreuz?

Mag auch das Kreuz nahen, wichtig ist, daß Maria mir nahe ist und nicht mehr ich lebe, sondern Christus in mir, damit ich nach dem Schrei der Verlassenheit sagen kann: *Vater, in deine Hände lege ich meinen Geist.*

28. Januar – Gestern abend befand ich mich in der Trockenheit einer Wüste ohne auch nur einen grünen Halm; ich verging vor Durst. Ich litt die tiefste Verlassenheit. Ich fühlte weder die Liebe Gottes noch die Liebe der Menschen. Doch ich verstand, warum die Heiligen nicht die Freude, sondern den Schmerz erwählt hatten, in der Verlassenheit wie Jesus am Kreuz. Ich verstand, warum Jesus fordert, daß wir sein Kreuz nehmen, ihm folgen und alles verlassen sollen.

In dieser Einsamkeit, als wenn alles Leben in mir sterben würde, schlief ich ein.

Heute morgen kam mir ein bekanntes Marienlied in den Sinn, und wie die Morgenröte, wie das Wasser einer Quelle kehrte die Liebe zurück. Wie aus einem zertretenen, zerwühlten und vergifteten Erdreich eine Blume aufwächst, so wächst aus der Verlassenheit die menschgewordene Liebe, Maria, durch die Gott Mensch wird. Ist also Maria das Geheimnis, um aus dem Schmerz Liebe werden zu lassen?

30. Januar – Maria ist die Jungfrau, das Licht, das zur Ehre Gottes leuchtet; ihr Leben ist ein ununterbrochenes Magnifikat, ein Lobgesang und ein Lebensprogramm.

Es ist bezeichnend, daß wir Maria einfach mit ihrem Namen ansprechen. Gerade darin liegt ihre Würde. Sie ist mächtig als Königin, erleuchtet als Lehrerin und wird verehrt als Mutter, doch sie läßt sich mit ihrem vertrauten Namen anreden. Sie will unsere Schwester sein, und darin vereinigt sie die Größe der Mutter Gottes, der Königin und Herrscherin. Wie schön ist das Leben, wenn darüber wie ein sicheres Licht, der Name *Maria* leuchtet! Sollten wir nicht Gott dankbar sein, daß er uns die Nähe und Hilfe der Gottesmutter geschenkt hat, die uns auf dem Weg zum Vater begleitet?

2. Februar – Mariä Lichtmeß. Maria geht zur Reinigung in den Tempel, aber nicht sie bedurfte der Reinigung, sondern der Tempel, das Priestertum und die Welt, für die sie den Sohn geboren hatte. Es ist ihr Auftrag, durch die Kirche, mit der Kirche und in der Kirche durch das hierarchische und gemeinsame Priestertum die Menschen zu heiligen, indem sie einer verderbten Welt jungfräuliche Reinheit wiederschenkt. Sie schenkt Jungfräulichkeit und neue Jugend. Sie wirkt auch im alltäglichen Leben durch die Frauen, die ihr Beispiel nachahmen und rein werden, um zu reinigen. Ein Garten im Frühling, reine Luft des frühen Morgens, wolkenloser Himmel wie ein majestätisches Gewand der Gottheit: So bist du, Maria, du Mutter der schönen Liebe; du schenkst uns die Hoffnung auf das ewige Leben.

7. Februar – Ganze Stunden verbringe ich damit, Gesichter von Menschen anzuschauen, und ich wage nicht, den Blick zum Gekreuzigten zu erheben. Jene geben mit den Eindruck von Launenhaftigkeit und Falschheit, sein Antlitz enthüllt mir die Wahrheit und Wirklichkeit, es lenkt meinen Blick auf die ewigen, unergründlichen Dinge, und es läßt mich auch meine Feigheit sehen, in die ich mich um eines augenblicklichen irdischen Genusses willen flüchte. Wenn man auf den Gekreuzigten schaut, dann sieht man die Menschen im rechten Licht, wer sie sind und wo sie stehen, so daß man nicht zu viel von ihnen erwartet oder von ihnen enttäuscht ist. Den Gekreuzigten betrachten heißt, eine göttliche Einsicht bekommen im Urteil über die menschlichen Dinge, um sie dann zu dem ewigen Ziel hinzulenken. Es ist die Sicht der Ewigkeit.

9. Februar – Die Zeit, in der man an sich denkt, ist verlorene Zeit; denn das Ich für sich ist nichts. Gott ist alles. Die Zeit, in der man an Gott denkt, ist gewonnene Zeit, denn in *ihm* ist das Leben. Wie viele vergeuden ihre Zeit im Leerlauf, in jenem Abgrund, der sich über dem Nichts des Todes öffnet.

11. Februar – Hin und wieder tauche ich hinein, ich tauche ein in einen schwarzen Abgrund, wo man nichts mehr sieht, keine Stimme mehr hört und verzweifelt allein ist.
Ich weiß, daß diese Erfahrung des Dunkels eine Begegnung mit dem Verlassenen Jesus am Kreuz ist, und ich müßte mich darüber freuen. Doch gewöhnlich verwende ich die Kraft, die mir noch bleibt, dazu, um an mich und an die Menschen, die mir beistehen müßten, zu denken. Ich wende mich nicht an den Gekreuzigten, der bei mir ist und noch immer sein Blut vergießt. Ich glaube, daß ich nicht auf ihn blicke, weil ich mich nicht an Maria wende, die unter dem Kreuz stand, weinend, aber aufrecht, mit einem Herzen, das den Schmerz der Menschheit aufnahm, der im Todeskampf Jesu vereinigt war. Ich habe diesen sicheren Aufstieg zu Gott, nämlich das Unbefleckte Herz Ma-

riens, und ich benutze ihn nicht. Nicht Mitleid, sondern Spott habe ich verdient.

17. Februar – In den Wandelgängen des Parlaments spricht jeder Abgeordnete, der einem begegnet, von Schwierigkeiten und weist auf Fehler hin. Die Presse enthüllt Korruptionen und deckt Skandale auf.

Wenn man all das hört und liest, kann man den Schluß ziehen, daß die Dialektik von Gut und Böse auch in der Politik, ja gerade dort, zu der Alternative führt: entweder heilig werden oder seinem Leben ein Ende machen. Aus der Trennung des gesellschaftlichen und geistigen Lebens sind diese beiden Arten, sich vom Übel zu befreien, hervorgegangen. Aber die Entscheidung für eine dieser beiden Möglichkeiten liegt klar auf der Hand. Die eine ist das Leben – die wahre Befreiung; die andere ist der Tod – die endgültige Sklaverei.

Obwohl die Menschen darum wissen, sehen sie, wenn sie älter werden, wie mit den Jahren die Mühsal wächst, die Schwierigkeiten zunehmen und die Einsamkeit größer wird. Es ist wie in einer Wüste, wo die Dunkelheit einbricht und die letzten Schatten menschlicher Gestalten verschwinden. Auch die Liebe geht unter wie die Sonne hinter Wolken oder dürrem Gezweig.
Was hat das für einen Sinn? Der Herr führt den Menschen in die Stille, in den Frieden, um mit ihm in ein tieferes Gespräch zu kommen, um ihn endlich ganz für sich zu haben, er, der eifersüchtige Gott, der die Seele ganz für sich haben will und so ganz für die Ewigkeit.
Also muß die Einsamkeit als Einladung verstanden werden, sich beständig und mit größerem Ernst in Gott zu sammeln und die noch verbleibende Zeit zum Gebet zu nutzen und weniger über Haushaltsgeräte und Skandalgeschichten nachzudenken.
Was ist diese Vereinsamung anders als eine väterliche Mah-

nung Christi, der uns helfen möchte, die Vergänglichkeit menschlicher Gefühle und die Hinfälligkeit irdischer Werke zu erkennen und die Folgerungen daraus zu ziehen. Alles vergeht, Gott allein bleibt.

Betrachtung und Liebe: Gott, die Liebe, betrachten, um für den Rest des Lebens mit aller Kraft aus dem Schweigen heraus zu lieben.

19. Februar – Der Herr möchte, daß ich ihm als Laie diene, und d. h. von unten her, von der Erde her, in der Demut. Ja, meine Arbeit soll ein Dienst sein, den ich der Kirche leiste wie einer, der dem anderen dient. Somit bin ich wieder in meiner Berufung, die mich als bescheidenes, aber echtes Bild der *ancilla domini* – der Magd des Herrn – will. Sie war kein Priester, sie war Laie. Aber von unten her hat sie durch ihre Bereitschaft *dem* Priester das Leben geschenkt und ihm gedient.
Ich weiß nicht, ob mir als Laie eine größere Aufgabe anvertraut werden könnte.

25. Februar – Statt von Enttäuschungen zu reden, die uns die Welt und die Menschen im Lauf der Jahre immer mehr machen, wäre es besser, von notwendigen Richtigstellungen zu sprechen. Tatsächlich wird Stück für Stück das Kartenhaus der Idole abgerissen, in dem wir uns verbergen, um der Realität nicht ins Gesicht zu sehen. Die Realität ist Gott. Alles andere ist Illusion. *Mein Gott und mein Alles.* In Gott ist alles. Außer ihm ist das Nichts, auch wenn es noch so aufgebläht ist.
Maria erkannte diese Wahrheit und nahm sie an. Als in ihrem Dorf auch die Verwandten sich gegen *ihn* stellten, nachdem die Schriftgelehrten, die großen Leute und die Priester schon gegen ihn waren, sprach sie nicht von Enttäuschung. Sie hatte die

Wirklichkeit, die Jesus hieß. Die Welt aber baute vor ihren und vor aller Augen eine Barriere auf von Sophismen und Illusionen, hinter der sie seinen Tod vorbereitete.

27. Februar – Wenn Maria bei der Arbeit oder auch bei der Erholung unter uns Menschen gegenwärtig ist, wenn wir sie in unserem Herzen tragen und sie unser Reden prägt, dann besteht nicht die Gefahr, daß unsere Unterhaltung abgleitet, daß unser Zusammensein oberflächlich wird und daß die Freude in unseren Gesichtern und die Lauterkeit der Gedanken verblassen und absterben. Ohne Maria entartet die Begegnung zwischen Mann und Frau und wird zu einem schmutzigen Geschäft. So gleitet man herab auf ein niedriges Niveau.

Aber hast du in allem Maria vor Augen, dann erneuert sich dein Geist und strebt empor wie ein Vogel zum Himmel, gesundet erreicht er die Harmonie, und über dem Schmutz erstrahlt die Schönheit.

29. Februar – Gott ist in Jesus unter die Menschen herabgestiegen. Die Menschen sind in Maria zu Gott emporgestiegen. Jesus und Maria: Das ist der Weg, auf dem unser Leben von der Erde zum Himmel führt, vom Menschlichen zum Göttlichen, vom Tod zum Leben.

Jesus, die Herrlichkeit der Dreifaltigkeit; Maria, die Krone der Menschheit. Christus ist der Ort der Begegnung der Menschen mit Gott. Maria, die Mutter, und Gott, der Vater, haben Christus zu dieser Stätte der Begegnung gemacht.

5. März – Jesus war Liebe – die Person gewordene Liebe –, als er bat: ,,Vater, vergib ihnen, denn sie wissen nicht, was sie tun." Aber er war nicht weniger Liebe, als er rief: ,,Schlangenbrut! Übertünchte Gräber!"

17. März – Ich war unterwegs, fort von zu Hause. Da ich sehr beschäftigt war, rückte ich die Liebe zu Gott und zur Mutter Gottes an den Rand. Da war es mir, als hätte ich das Licht ausgelöscht. Es wurde dunkel auf dem Weg, und es regnete. Ärger und Groll kamen in mir auf. Die Mutter war nicht da, es fehlte ihr Licht, die Gemeinschaft der Heiligen, ihr Beistand auf dem Weg zu Gott ... Nirgendwo spürte ich die Nähe der Gottesmutter und auch nicht die Nähe Jesu, ich erkannte ihn nicht in den Brüdern, ich war ein Gefangener des Todes. In einem bestimmten Augenblick wurde ich mir meiner Verblendung bewußt, und ich wandte mich an Maria. Und siehe, über der in Verwirrung geratenen und niedergedrückten Seele tat sich wie ein Lächeln ein Stück blauen Himmels auf, und das Licht kehrte zurück.

21. März – Die Schwierigkeiten im Leben der Kirche, Widerstände gegen sie und die Hindernisse bei der Ausbreitung des Glaubens kommen nicht so sehr von den Nichtchristen, als vielmehr von den Christen, die an Geld und Reichtum hängen. Der Mammon ist der wahre Widersacher. Und die Befreiung von den Fesseln des Reichtums ist der Anfang und das Ende der Heiligkeit. Es ist wie damals bei den Pharisäern zur Zeit Jesu: Was der Religion schadet, das sind die Christen, die Ausbeuter sind und unter dem Schein der Frömmigkeit Kapital anhäufen und ihre Privilegien verteidigen. Die Armen geben oft den Glauben auf, weil das Heilige als Deckmantel für böse Dinge dient. Wenn es einzelnen oder Gemeinschaften in der Kirche ums Geld geht, dann werden Glaube und Liebe bei ihnen erstarren, und statt einer lebendigen Kirche hat man eine Totenkammer. Sich von der Knechtschaft des Mammons zu befreien ist das schwierigste Stück auf dem Weg zur Heiligkeit.

7. April – Trotz meiner Jahre bin ich im Grunde ein Dichter geblieben. Trotz aller Anfechtungen ist die Poesie geblieben: Maria.

Wie hätte ich gelebt, wie könnte ich leben ohne sie?

Es ist Maria, die Mutter Gottes, die ständig in mir Jesus hervorbringt. Und Jesus ist Leben, Kraft, Schönheit. Er ist die Liebe.

14. April – Gott steigt in mich herab durch das Brot; ich steige zu ihm auf durch den Bruder.

17. April – Wenn sich unser Leben dem Leben Jesu angleicht, dann werden wir ihm auch gleichwerden in der Auferstehung. Die Sünde bringt den Tod, die Gnade die Auferstehung. „Wir wissen, daß wir vom Tod zum Leben hinübergegangen sind, weil wir die Brüder lieben." Wer liebt, lebt in Gott; Gott ist Leben.

Diese Wirklichkeit hat sich mir heute morgen bei der Kommunion in einer ganz neuen Weise gezeigt. Meine Launen und mein Hochmut, meine Eitelkeit und Unbeständigkeit haben mir meine Armseligkeit gezeigt. Wenn aber Jesus in mir geboren wird, dann entsteht aus den Trümmern meiner Armseligkeit ein Tempel, der heiliger ist als eine Kathedrale.

Mir scheint, daß Maria meinen Wunsch erfüllt – wie sollte es anders sein? –; mein altersschwacher Leib mit seiner müden Seele ist für mich wie ein Heiligtum: Wohnung Mariens, Tabernakel Jesu, Zelt Josefs und aller Heiligen, der Märtyrer, Lehrer, Jungfrauen und Bekenner ... Menschlich gesehen bin ich gescheitert, von Gott her gesehen bin ich Maria geweiht, gehöre zur Familie Jesu, habe eine himmlische Würde und bin ein Kind des Schöpfers.

19. April – Die Auferstehung für den Menschen ist seine Bekehrung. Sie entspricht einem Sterben der Sünde und der Finsternis; sie ist eine Auferstehung in der Wahrheit und im Licht. Die Bekehrung, die sich täglich wiederholen müßte, ist die Kreuzigung des „alten" und die Geburt des „neuen" Menschen: ein Sieg über das „Alter", das zum Tode führt.

22. April – Es wächst die Mühsal, es wachsen die Schwierigkeiten, und die Einsamkeit wird größer. Was ist das anders als eine Einladung, sich beständiger und mit größerem Ernst in Gott zu sammeln, den Rest des Lebens auszunutzen zu einem wahren Dienst, mit größerer Entschiedenheit. Was ist das anders als eine väterliche Mahnung Christi, aus der Vergänglichkeit menschlicher Gefühle die Folgerungen zu ziehen? Alles vergeht, Gott allein bleibt. Lieben heißt dienen, nicht sich bedienen lassen; lieben heißt geben, nicht empfangen. Der Lohn wird von Gott kommen: Der Lohn ist seine Liebe.

23. April – Wenn man in der Krankheit die Liebe lebt, so erwächst daraus geistliche Gesundheit. Diese geht in den mystischen Leib über, und jede dem Kranken erwiesene Gabe und Pflege wird von Christus selbst vergolten. Für einen Becher Wasser gibt er das ewige Leben.

1. Mai – Der Heilige ist im Grunde nichts anderes als ein Mensch, der in das Göttliche verliebt ist, das sich in Maria widerspiegelt und uns nahekommt.
Der Heilige ist in Maria verliebt. Seine Liebe besteht darin, daß er sich mit ihr einsmacht, sich in sie verliert und wie sie lebt. Wie sie lebt er die Demut, die Reinheit und die Hingabe an Gott, so daß auch er zu einer Magd des Herrn wird, fähig, der Menschheit Christus zu geben.

Der Heilige, ob Mann oder Frau, ist ein Abbild Mariens. Wenn man sich darangibt, sein Geheimnis zu ergründen, findet man dieses herrliche und faszinierende Ideal: die jungfräuliche Mutter. Immer erweckt Maria die Liebe zu Jesus.

9. Mai – In der Sprache der Frömmigkeit nennt man die Erde ein Tal der Tränen, und das Leben wird als Pilgerschaft im Land der Verbannung angesehen. Das ist richtig, aber nur bis zu einem gewissen Punkt. Denn auf diesen verlorenen Planeten, dieses winzige Atom unter den Sternbildern, ist Maria gekommen, wurde uns Jesus geboren; hier haben die Heiligen gelebt; hier gibt es die Kirche, hier stehen die Gotteshäuser, in denen Jesus in der Eucharistie lebt und von denen die Liebe ausgeht. Die Heiligen haben auf dieser Erde die Heiligkeit aufblühen lassen, die Kirchenlehrer die Lehre, die Jungfrauen die Jungfräulichkeit, die rechtschaffenen Laien die Treue und Beständigkeit. Wir leben zwar in der Verbannung, aber in der Gemeinschaft mit dem Sohn Gottes, mit Maria, seiner Mutter, und mit dem Beistand der Apostel und der Bekenner; es ist ein Leben der Einheit mit den Engeln und Heiligen. Unter den Pilgern herrscht die Liebe, und die Liebe ist Gott in ihnen; und wo Gott ist, da ist keine Verbannung, da ist der Himmel. Die Verbannung kommt, wenn Gott sich entfernt.

29. Mai – Das Leben als Gebet; die Arbeit als Gottesdienst; unsere ganze Existenz eine Rückkehr zu Gott unter der Führung Mariens.

4. Juni – Es wird mit Raketen gedroht und die Auseinandersetzungen nehmen an Schärfe zu, so daß man schon wieder Angst hat vor einem Krieg. So weit sind wir gekommen, fünfzehn

Jahre nach der letzten Katastrophe. Es ist die Folge des Atheismus. Man kann sagen, Christus wird von neuem gekreuzigt; er soll ausgeschaltet werden. In dieser entsetzlichen Zeit hat die Menschheit niemanden als die Mutter: seine Mutter, die unsere Mutter geworden ist. Dem Haß, der Menschenverachtung und der Vernichtung stellt sie die Sanftmut entgegen, die aus dem Opfer erwächst, das nicht tötet, sondern sogar den Sohn hingibt zu unserer Erlösung.

Das Beste ist, in ihr, mit ihr und unter ihrer Führung eine Front der Liebe gegen den Haß, der Demut gegen den Stolz zu bilden.

6. Juni – Manchmal entsteht aus der Tiefe der Seele der Wunsch, meine Studien und Arbeiten für die Kirche durch Lob und Anerkennung geehrt zu sehen. Welch ein Schaden für meine Seele, würde ich solche Eitelkeit pflegen!

Einer, der sich Gott geschenkt hat, darf keine Zeit verlieren, um nach anderem Lob Ausschau zu halten. Wer Gott hat, hat alles! Und da meine schriftstellerischen Arbeiten und mein Name in Vergessenheit geraten, heißt das, daß nur die Ehre der Kirche, des Leibes Christi, meine Arbeit rechtfertigt. Es heißt, daß der Herr mich für sich allein will. Mit meinen Schriften weiß er nichts anzufangen. Er freut sich über meinen guten Willen. Andererseits hat Johannes XXIII. bei der einzigen Privataudienz, die ich gleich nach seiner Wahl hatte, mich mit einem Licht verglichen, das auf einem Leuchter steht, das aber aus der Nähe niemand sieht. Besser so!

24. August – Mein Wunsch war, Maria darin nachzuahmen, wo der Ursprung ihrer Heiligkeit liegt, nämlich in der Demut. Statt dessen übte ich Kritik am Verhalten der Kirche und dünkte mich dabei klug. Heute morgen wurde ich beschämt von einem einfachen Menschen, der die von mir kritisierten Dinge in einer

Weise interpretierte, daß sie einsichtig wurden; aus dem Dunkel rückten sie ins Licht. Ich bin davor klein geworden und habe mein Nichts gesehen. Es ist ein Nichts, das sich nur erfüllt, wenn es von Gott erfüllt wird, und das sich selbst betrügt, wenn es vom eigenen Ich erfüllt ist. Da habe ich mich entschlossen, nach der Weisheit zu leben, die von meinem eigenen Denken einen lächerlich kleinen Verzicht fordert. Ich will das Schweigen und die Selbstverleugnung, das Leiden und Dienen üben. Ich möchte, daß diese vier Worte auf meinem Grabstein stehen können als höchstes Lob.

In der Zeitung steht, daß ein alter Mann auf den siebten Stock eines Hauses gestiegen ist und sich von da hinabgestürzt hat. Er wollte seinem Leben, genauer: seiner Einsamkeit ein Ende machen. Die Einsamkeit ist die Krankheit der Alten. Sie sind plötzlich aus der Masse in die Isolation, aus dem Lärm ins Schweigen versetzt worden.
Es ist eine verständliche, aber eine falsche Lösung. Es geht ja letztlich darum, daß man auf das oberste Stockwerk steigt, um sich von da hinabzustürzen – aber in den Abgrund Gottes, in den Schoß des unsterblichen Lebens.
Die Menschen, die sich selbst das Leben nehmen, haben den Sinn der Einsamkeit nicht begriffen. Er ist auch nicht leicht zu begreifen.
Das Alter ist eine kritische und entscheidende Phase: die Zeit der Vorbereitung auf die Begegnung mit dem Alles, mit dem Ewigen, mit der Schönheit, die Begegnung mit der unsterblichen Jugend. Es ist eine Zeit der Entfaltung, die man Verkümmerung nennt, des Fortschritts, den man Rückschritt nennt, der Jugend des Geistes, die man Senilität nennt.
Die physischen und moralischen Beschwerden sind ein Zeichen der Furcht vor der Begegnung mit Gott.
Jetzt erscheint das Leben wie ein Baum im Winter. Die Blätter sind gefallen, der Stamm streckt die nackten, dürren Äste gen

Himmel aus und ist Regen, Nebel und allen Wettern schutzlos ausgesetzt. Aber frei vom Schmuck des Grüns schaut er direkt nach oben, nicht getäuscht vom Laubwerk, durch das, was schnell blüht, wächst und stirbt.

Man gewöhnt sich daran, mit dem Himmel zu sprechen, die Wolken zu betrachten und die Sterne zu erforschen. Allmählich entdeckt man eine neue Welt, die nicht aus Lärm und Schein besteht. Die Entdeckung einer Welt, die gewöhnlich von Gedankenspielereien, bedrucktem Papier und dem Grau des täglichen Einerleis verdeckt ist. Stimmen und Lichter einer anderen Welt, die die Gegenwart eines Vaters, eines Schöpfers, eines Richters bezeugt.

Der Alte, der sich in den Hinterhof hinabstürzt, ist einer, der sich nicht mehr erwärmen läßt von menschlichen Beziehungen, vom Lärm der Welt und von den leeren Dingen, die mit dem Geld zusammenhängen. Sein Geist ist erstarrt und sieht nichts anderes als das Ich, wie ein verspottetes, ein zerrissenes und dann vergessenes Idol. Und da er nichts anderes sieht als das, stürzt er sich ins Leere, um es zu erreichen.

Katharina von Siena begann ihre Reform, die Bekehrung von alten und jungen Menschen, von Berühmtheiten und Vagabunden mit der Vernichtung des Ich, dieser Barriere zwischen Gott und den Menschen. Das Ich, das aus Nichtigkeit besteht, ist ein Hindernis und eine Last, und es verlangt nach dem Selbstmord als einem götzendienerischen Kultakt.

Zwei Möglichkeiten gibt es, zwei Lösungen: entweder die Selbstvernichtung, indem man sich vom siebten Stockwerk hinabstürzt als Opfergabe für den Tod, oder die Vergöttlichung, indem man sich von aller vergänglichen Eitelkeit freimacht, um gleichsam ein offenes Gefäß für das Göttliche zu werden und sich vom Leben Gottes erfüllen zu lassen.

Eine schwierige Entscheidung!

Die meisten bleiben mitten auf der Strecke stehen; sie schwanken zwischen dem Leben (Gott) und dem Tod (Satan).

Wer die wahren Werte der Seele pflegt, findet sich oft auf dem Scheitelpunkt einer Krise, und er hat hier wie dort einen Abgrund vor sich, einen von Licht und einen von Finsternis. Die Mystiker sprechen von der dunklen Nacht. Wenn das Leben des Christen, der für die Kirche und für den Staat gearbeitet hat, auf den Abend zugeht, dann merkt er, daß man ihn auf die Seite stellt, daß er von Männern der Kirche und des Staates nicht mehr beachtet wird. Er wird nicht mehr zu Versammlungen eingeladen, bei denen seine Sachkenntnis einmal geschätzt wurde. Freunde, denen er früher, als sie jünger waren, geholfen hat und die es heute zu etwas gebracht haben, scheinen ihn nicht mehr zu kennen, oder sie behandeln ihn von oben herab. Die Kinder, denen er sich mit großer Liebe gewidmet hat, haben ihren Beruf und ihre eigene Familie und vergessen ihn. Institutionen, denen er sich mit Hingabe und unter Opfern gewidmet hat, schieben ihn unter schönen Vorwänden beiseite, wenn sie jüngere Leute gefunden haben, die ihnen beistehen. Es ist ein Leben in einer eisigen Kälte, wo niemand mehr an einen denkt. Und es ist möglich, daß Ärger und Zorn, mit denen man reagiert, sich auch gegen Gott und die Kirche richten. Man schreibt dann die Ungerechtigkeit auch dem Herrn zu, in dessen Dienst man gearbeitet hat.

Es ist die Verlassenheit, die Einsamkeit. In einem bestimmten Augenblick hat Jesus selbst, der mit zahllosen Wundern Armen jeder Art Brot und Gesundheit geschenkt hatte, der getröstet, geliebt, gedient und sogar Toten das Leben wiedergegeben hatte, sich als Mensch in einer grenzenlosen Verlassenheit gefühlt. In dem Moment, als seine Jünger geflüchtet waren und die Menge, der er so gut gewesen war, ihn verhöhnte und sein Erlösungswerk mit der Kreuzigung vergalt, schrie er in seinem Leiden: „Mein Gott, mein Gott, warum hast du mich verlassen?" Er war ganz Mensch, und als Mensch erlitt er die Verlassenheit. Aber er wendete die Krise zum Heil: Er stürzte sich nicht in die Verzweiflung, sondern er überließ sich den Händen des Vaters;

er übergab Gott seine Not, und der verwandelte sie in Liebe und Frieden.

Die Liebe ist die Lymphe, die die Blume wachsen läßt. Aus der Liebe erwächst die Freiheit. Das Leben in der Liebe ist ein Reifen zur Freiheit hin, ein Prozeß der Befreiung. Wir sind so an unsere Fesseln gewöhnt, daß es uns wie ein Verlust vorkommt, wenn sie sich nach und nach lösen; doch es ist ein Gewinn. Mein Sohn S., der gewisse Phasen dieses Prozesses kennt, sagte mir heute morgen: „Papa, wie sehr lassen dich deine Freunde im Stich!"
Um einen solchen Gedanken aus seinem und meinem Kopf zu vertreiben, gab ich ihm zur Antwort: „Das macht das Alter. Wenn man alt wird, gerät man in Vergessenheit. Man wird pensioniert, und die Freunde brauchen einen nicht mehr ..." Als ich aber mehr darüber nachdachte, erschien mir das Alter als eine Phase der endgültigen Befreiung – immer in Sicht auf das letzte Ziel: auf meine Begegnung mit Gott: Gott allein, ich allein, wie beim letzten Gericht.

Mich umgibt die Einsamkeit eines Eremiten. Obwohl ich mir der Wirklichkeit des mystischen Leibes bewußt bin, der Liebe meiner Familie und der Verbundenheit mit meiner Gemeinschaft, fühle ich mich allein. Ich bin allein. Ich und *er* – ich und Gott. Um diese Einsamkeit zu ertragen – *solus cum sola,* Gott allein, allein mit der Seele –, brauchte man eine Seele mit der Dimension der göttlichen Liebe. Aber ... Wenn ich meine Weihe an Maria leben würde, wäre ich ein Heiligtum Mariens und würde Gott in mir tragen. Ich würde jeden Tag eine Tugend der Gottesmutter meditieren, und ich besäße Quellen der Liebe; meine Zeit wäre ausgefüllt; ich wäre nicht allein. Ich wäre mit Maria, ich wäre Maria, und dann wäre Gott meine Fülle, er würde mich begleiten.
Doch ich versuche noch die Leere mit etwas Menschlichem zu

füllen, mit der Gegenwart von Geschöpfen. Doch ich muß mehr sie lieben und sie in ihrer Einsamkeit trösten, als daß ich durch sie getröstet werde ... Maria, wenn ich dich hätte, wenn ich in dir wäre, fehlte mir nichts ... Tatsächlich fehlt mir nichts. – Und ich betrachte die Güte Mariens.

Gerade jetzt, wo ich so klage, lese ich in einer ausländischen Zeitschrift einen Gedanken der hl. Therese vom Kinde Jesu: „Du träumst vom Licht, von einem Land der Freude, du träumst davon, den Schöpfer dieser Wunder immer bei dir zu haben; du hoffst, eines Tages dem Dunkel entrinnen zu können, in dem du dich befindest. Geh voran! Freue dich des Todes, den er dir gibt, nicht den du dir erhoffst; es ist eine Nacht, die tiefer ist: die Nacht des Nichts!" Und sie zitiert die *Nachfolge Christi:* „Wer nicht bereit ist, alles zu erleiden und ganz zum Willen dessen zu stehen, den er liebt, der kennt die Liebe nicht."*

Maria kannte die Liebe, und darum hat Christus sie geprüft, sogar zurückgestoßen hat er sie: „Wer ist meine Mutter, wer sind meine Brüder?" Denn um sein Jünger zu sein, muß man sich selbst verleugnen, das Kreuz auf sich nehmen und ihm nachfolgen.

Welch eine Freude, du Ursache unserer Freude!

Wie oft täusche ich mich in den menschlichen Gefühlen: Ich schenke Liebe und ernte Lieblosigkeit, ich bereite mich auf einen Aufstieg vor und falle, ich glaube der Kirche zu dienen und erhalte einen Tadel ... Es öffnen sich mir Abgründe, in die ich mich verzweifelt hinabstürze ... Aber es sind nur Augenblicke; denn aus dem Schweigen erfahre ich die Nähe der Gottesmutter – ein Geschenk des Heiligen Geistes; und wie eine Mutter

---

* vgl. Nachfolge Christi III, 5,8.

den Sohn, der sich leicht in Gefahr begibt, zurückruft, so gibt sie mir das Vertrauen wieder; vor dem Abgrund der Verzweiflung errichtet sie einen Wall der Hoffnung. Nach und nach erfüllt sie mich mit Frieden. Und ich sehe wieder, wie eitel alles ist: Reichtum und Macht, Ruhm und Schmeichelei ... Maria gibt mir die einfache und reine Würde der Kindschaft Gottes wieder, und damit Freiheit gegenüber den Mächtigen und Reichen und gegenüber Freunden, die einen verlassen haben oder die man nie gehabt hat; eine Freiheit, schön wie Maria; ja, sie ist Maria.

„Jesus, ich will dir so gehören, wie es dir gefällt. Mach mit mir, was du willst." Mit diesem Satz erneuere ich jeden Morgen meine Hingabe. Und Jesus tut, was er will. Er will, daß ich ihm gehöre, wie es ihm gefällt, und er trennt mich von allen Bindungen an die Welt. Er umgibt mich mit einem immer höheren Wall des Schweigens, damit ich die Muße habe zur Kontemplation.

Ein Dummkopf wäre ich, wenn ich über mich oder andere nachdächte, statt den Blick der Seele auf *ihn* zu richten und von dort göttlichen Reichtum zu empfangen. Ich habe die Menschen zur Genüge kennengelernt; in dieser Lebensspanne muß ich viel mehr *ihn* kennenlernen, das Leben, das nicht stirbt.

Man braucht nur den Kontakt mit Gott schwächer werden lassen – Gebet und Kontemplation in Demut und Liebe –, und schon bricht die Lebensangst auf. Wenn die Beziehung mit Gott schwächer wird, setzt sich das Ich an die Stelle Gottes. Das Ich ist ein ebenso fordernder wie feiger Tyrann; sein Kern ist die Furcht, nicht die Liebe. Wenn man sich Gott übergibt, schöpft man aus seiner Allmacht, seiner Beständigkeit und Freude. Dann hat man keine Sorge mehr um sich selbst und ist frei für die Sorge um den Bruder. Was ist das Leben ohne Gott? Welchen Sinn soll es haben? Die jungen Menschen können sich noch Illusionen machen über ihre künftigen Erfolge. Aber den

Alten bleibt nichts als die Wirklichkeit, und die besteht darin, daß man nur in Gott lebt. Außer ihm ist das Nichtsein, Satan, der Tod.

Wenn du nicht mehr kannst und die letzten Kräfte dich verlassen, wenn du zusammenbrichst, hast du noch eine Zuflucht: Stürze dich in die Arme Gottes.
Seine Allmacht ist da, um unsere Ohnmacht zu stützen. Und so wird der Niedergang zum Aufstieg, das Ende zum neuen Anfang.

Seit über einem Monat bin ich krank. Es ist ein Unwohlsein, das mich etwas quält und mich vor allem ans Haus fesselt. Seit meiner Verwundung an der Front hatte ich keine Erfahrung mehr mit dem Kranksein. Darum litt ich unter der Einsamkeit und beklagte mich über sie. So sah ich, auf wie schwachen Füßen meine Tugend steht, wo ich mir doch wiederholt vorgenommen hatte, nie zu klagen. Als meine Kinder kamen, um mir zu helfen, sah ich, in welche Isolierung und Dunkelheit ich geraten war, denn ich wollte zuerst die Hilfe ablehnen, weil ich nicht so ganz hilflos dastehen wollte. Dann zeigte mir die heilige Teresa, daß diese Verlassenheit eine kleine dunkle Nacht ist, die ihre Ursache in dem Verlangen nach der Welt hat: nach Ehren, Ansehen und eitlen Dingen ... Ich verstand, daß dies ein Schritt nach vorn ist, auf die Einheit mit Gott zu. *Solus cum sola* – Gott allein, allein mit der Seele. Er will die Seele für sich. Und solche Trennungen sind kein Verlust, sondern ein tieferes Eindringen in die Freiheit der Kinder Gottes.
Die Heiligkeit ist ein unablässiges, heftiges Ringen um die Freiheit. Wenn in mir nichts mehr lebt außer Gott, was für eine Bedeutung hat dann, was in der Welt geschieht oder wie ich beurteilt werde? Oder was für eine Bedeutung können die Geschöpfe mir gegenüber haben, als daß ich sie liebe und durch diese Liebe zu Gott finde?

In Gott gibt es keine Einsamkeit; in ihm ist Fülle und Leben. Von dort aus betrachtet sieht man, wie erbärmlich die Situation vieler Mitmenschen ist, deren Leben ganz darin aufgeht, in irdischen und vergänglichen Dingen einen Sinn für ihr Dasein zu suchen.

1961

25. August – Die Meditationen dieser Tage lenken mein menschliches Verständnis des Glaubens auf das Wesentliche, auf Gott. Früher war der Blick auf mein Elend der Ausgangspunkt. Jetzt betrachte ich die Allmacht Gottes und komme von da auf den Menschen. Vom Schöpfer her gesehen, hat alles Menschliche nur Wert, wenn es in seinem Plan steht und sich nach seinem Gesetz entfaltet. Sonst bin ich selbst und ist alles Menschliche dem Tod geweiht und geht dem Nichts entgegen.

19. Oktober – Gott geweiht... Immer mehr durchdringt das Bewußtsein dieser meiner Weihe mein ganzes Leben, wie ein Ferment, das alles verwandelt.
Ich verstehe die Worte aus dem Testament Jesu: „Heilige sie in der Wahrheit..." Wir müssen uns opfern für die Wahrheit wie Jesus Christus: am Kreuz hängen, unser Blut vergießen, alle menschliche Freude verlieren... Gekreuzigt sein – mit Christus. Durch die Liebe folgt man ihm auf seinem Kreuzweg, durch die Wahrheit wird man mit ihm gekreuzigt. Und darin besteht die „vollkommene Freude".
Wie dankbar muß ich dem sein, der mich diese Worte verstehen läßt und mich auf diese Wahrheit festgelegt hat. Mitgekreuzigt mit Christus!

2. November – Heute morgen waren mehr Gläubige in der Kirche als gewöhnlich, und mehr als gewöhnlich gingen zur

Kommunion. Um Gemeinschaft mit den Verstorbenen zu haben, suchen die Menschen Gott, das Leben. Und umgekehrt, durch die Verstorbenen hat man Gemeinschaft mit Gott. So erkennt man, daß der Tod nicht unser Leben vom Leben Gottes trennt, sondern ein Übergang, eine Brücke ist. Wenn wir uns im Gebet an die Heimgegangenen erinnern und mit ihnen verbunden sind, fühlen wir uns dem Ewigen näher, und so zeigt sich, daß der Tod ein Schritt zum Leben ist.

„Selig die Toten, die im Herrn sterben." Der Herr macht aus dem Tod eine Seligpreisung.

1963

Du möchtest im Vordergrund stehen, glänzen, gesehen werden. *Er* verbirgt sich in menschlicher Gestalt, wird in einer Grotte geboren, stirbt am Kreuz und wird in den Tabernakel eingeschlossen, den geringsten, verborgensten, unbeachtetsten Ort, in altem Gemäuer, im Schweigen.

30. April – In diesen Tagen feiern wir das Fest der Katharina von Siena. Sie war es, die zuerst in mir die Liebe zu Gott weckte. Mir scheint heute, daß ich endlich den Übergang geschafft habe, den Übergang meines Lebens, vom Ich zu Gott. Die letzte Zeit war ich in zahlreiche Schwierigkeiten gekommen. Mir schien, ich hätte die entscheidenden Jahre meines Lebens vertan und hätte in der Meinung, Gott zu folgen, meine Karriere geopfert, mein Ansehen, die Kunst, die Gesellschaft... Jetzt sehe ich, daß es Irrlichter waren, die der Feind im Dunkeln angezündet hatte. Die Entscheidung ist gefallen. Ich weiß um meine Mittelmäßigkeit; aber daß ich beständig und beharrlich bleibe, vertraue ich dem Herzen Mariens an und der hl. Katharina, und durch die beiden Gott selbst.

Die Straßen sind voll von Wahlpropaganda, Reklame und allem möglichen Lärm. Man wir in den Strudel hineingezogen; man ist machtlos und leidet ...
Wann werde ich mich endgültig entscheiden, die Mitte meines Lebens von der Welt her auf Gott hin zu verlegen, von der Hetze zum Frieden, vom Vergänglichen zum Ewigen? Manch-

mal glaube ich die Entscheidung getroffen zu haben und im wahren Leben verankert zu sein. Doch dann finde ich mich wieder durch irgendwelche Bande an das Vergängliche, das Nichtige, das Vorübergehende gefesselt. Und doch genügt es, mich an *ihn* zu klammern und mich Maria anzuvertrauen. Es genügt, daß ich nicht an mich selbst denke, daß ich die anderen liebe, damit der Friede in mich einkehrt und ich mein ganzes Vertrauen auf Gott setzen kann.

9. Juli – Die Einsamkeit ist gekommen, Schweigen hat sich über mein Leben gebreitet wie sich der Himmel über die Weite des Meeres wölbt.

Das Land liegt hinter mir. Das Lärmen ist verstummt. Die Menschen haben sich zurückgezogen, die Freundschaften sind verblaßt, man ist nicht mehr gefragt ... Undankbarkeit? Eitelkeit? Illusion? Ja, aber es ist vor allem die Logik des Lebens. Bis zu einem gewissen Alter des Menschen ist es ein Aufstieg, dann nach dem Scheitelpunkt geht es den Abhang hinunter, um ins Geheimnis einzutauchen und verborgen zu sein wie auf dem Grund des Meeres.

Allein: also frei.

Diese Zeit der Einkehr, die Natur und Übernatur in ihrer unergründlichen Weisheit hervorbringen, ist die Zeit der Vorbereitung auf die Ewigkeit. Man wird dem Lärm und der Ablenkung des Augenblicks entzogen, um in der Muße auf das Schweigen zu hören, auf die Stimme des Allmächtigen, die verborgen ist im Geheimnis. Das Gerede der Menschen tritt zurück, und so wird die Beziehung zu denen vertieft, die im neuen, im wahren und unsterblichen Leben stehen.

Eitlen Schmeicheleien nachtrauern, dem Applaus der Massen, dem Drang nach Besitz mit all seinem verfänglichen Hochmut, der Verachtung, Berechnung und Unlauterkeit, das ist dasselbe, als wenn man sich entrüsten würde über die Ordnung eines

Gefängnisses mit der planmäßigen Abfolge von Arbeit, Ausgang, Mahlzeiten und Schlaf, weil man Angst hat vor sich selbst, vor der Freiheit, vor der Entscheidung der eigenen Schritte und Gedanken.

„Deus nobis haec otia fecit" – Gott hat uns diese Muße gewährt.*
Aber ein Gott, der wirklich Gott ist; und Muße, die uns zum Tätigsein für ihn führt.
Bis heute haben wir mehr für den Menschen, für das tägliche Brot gearbeitet, jetzt arbeiten wir mehr für unseren Vater, der im Himmel ist.
Wenn es angesichts der absurden, tödlichen Spaltungen und Trennungen ein vitaler Impuls unserer Zeit ist, den Dialog mit den Gegnern und Fernstehenden wieder aufzunehmen, so ist es ein Impuls dieses Alters der Muße, dieses Noviziats für den Himmel, die Beziehung zum Ewigen zu suchen und den Dialog zu beginnen, der keine Enttäuschung bringt und wo man keine Falle fürchten muß, sondern der Freude und Erbauung in Gott schenkt. Die Welt verläßt uns, um uns mit Gott allein zu lassen. In dieser Phase, die der Vorbereitung auf den Himmel dient, sollen wir zum Haus des Vaters finden. Nachdem wir lange das Handeln geübt haben, werden wir jetzt zur Beschauung geführt. In diesem unbekannten Meer des Schweigens wiederholen wir auf einer anderen Ebene die Erfahrung des Kolumbus: *Christum ferens* – Christus bringend, hielt er in der endlosen Weite des Ozeans nicht inne, bis er eine neue Welt fand. Mit ihm wollen wir beten: *„Jesus cum Maria sit nobiscum in via"* – Jesus mit Maria sei mit uns auf unserem Weg.

Warum sagt man denn, daß die Welt dich ablehnt oder daß sie sich von dir loslöst? Ist es nicht eher Gott, der sich nähert, der

---

* Vergil, 1. Ekloge: Anspielung auf die Großherzigkeit des Augustus.

dir eine Hand reicht, um dich zu einem ruhigeren Ufer hinüberzubegleiten? Er kommt näher, und er räumt den Übergang frei
von allem, was an Hindernissen auf diesem Weg liegt.

Wenn sich die Welt von dir löst, dann in dem Sinn, daß sie sich
in ihrer Vergänglichkeit und Nichtigkeit zeigt, wenn man sie
von oben, von Gott her betrachtet, statt von unten, vom Ich her.
Man sieht dann, daß die Menschen sich entfernen und uns freigeben, vor allem jene, in denen wir unser Lebensideal fanden.
Gedankenlose Oberflächlichkeit und heldenhafte Opferbereitschaft erscheinen als schlechte oder gute Wegweiser auf unserem Lebensweg. Ähnliches lehren die Ereignisse und der Lauf
der Geschichte, jetzt da wir Abstand gewonnen haben. Das
Schweigen, in dem der Geist sich ausruht nach Jahrzehnten bedrängender Ängste und das ihn von Komplexen, Vorurteilen
und falschen Vorstellungen befreit, macht ihn kritischer in der
Wertung der Vergangenheit und wacher, sie für die Zukunft zu
nutzen.

In dieser Einfachheit gesehen, versteht man die Wissenschaft in
ihrer Fähigkeit, neue Wege zum Geheimnis des Universums zu
eröffnen, seine Schönheit, Unermeßlichkeit und Unendlichkeit
zu entdecken, die uns immer mehr dazu bringen, den Urheber
so schöner Dinge anzubeten und zu lieben.

Die Kämpfe für die Gerechtigkeit und Freiheit sind großherzige Anstrengungen, um ein hohes Erbe zu wahren und den
Ruhm von Generationen zu schützen. Die Verfechter der Freiheit und der Liebe heben vor dem Hintergrund der Finsternis
diese Werte neu hervor und verteidigen sie mit aller Kraft, denn
sie sind Zeichen des göttlichen Lebens; und sie werden bekämpft vom Widersacher, der sie zerstören will. In der Auseinandersetzung von Leben und Tod erscheinen jetzt Beruf, Karriere und jede menschliche Beziehung. Man sieht, daß das Leben von entfesselter Hektik und Zerstreuungen behindert und
nicht begriffen wurde; es wurde nicht gelebt; man hatte nicht

die Zeit, es zu verstehen, zu leben und zu genießen. Die Zeit war vorbeigeeilt, bevor man die Möglichkeit hatte, sie zu verstehen.

12. Juli – Der soziale Fortschritt ist eine Frucht des Glaubens, der im Menschen den Bruder sieht, Christus selbst. Aber der Glaube wird seinerseits selbst vom sozialen, kulturellen und politischen Fortschritt begünstigt. in manchen unterentwickelten Ländern beträgt die Lebenserwartung 30 Jahre; in den entwickelten schon mehr als 70. Daran sieht man, daß die Phase der Muße – des Schweigens Gottes erleichtert und in vielen Fällen garantiert wird von einem sozialen Gefüge, das seinerseits Ausdruck und Frucht der vom Evangelium gelehrten Gerechtigkeit ist.

Das religiöse Leben ist nicht in entsprechender Weise wie diese Entwicklung vorangeschritten. Zu viele Menschen nutzen diese Periode der Ruhe und der Sammlung nicht. Sie trauern dem Getriebe und dem Lärm nach, die nach außen hin wie der Puls des Lebens erscheinen.

Aus dem Leben mit Gott wird gewissermaßen ein Arbeiten mit ihm. Das Leben findet seine Erfüllung, wenn man an der Seite Gottes arbeitet. Das ist eine begeisternde Idee: ein Gott, der uns als Mitarbeiter behandelt, so daß unser ganzes Tun, unsere Worte, Schriften, Bauten, Gesetze, Handel, Kunst, Wissenschaft und Politik eine Teilnahme am Werk Gottes sind, ein Mitwirken an dem Gebäude, das der Schöpfer unermüdlich errichtet. Eine Mitarbeit, um die Ordnung des Universums herzustellen, in dem wir sonst den Verlust unserer Freiheit erleiden.

Eine ganz gewöhnliche, aber wertvolle Form dieser Mitarbeit ist der Schmerz, wenn man ihn richtig trägt. Das Leiden fehlt in keinem Lebensabschnitt, aber im Alter wird es stärker. Es vereinigt sich mit dem Leiden des Gekreuzigten, um das Fundament der Erlösung zu bilden. Dadurch wird das Gleichgewicht der Gerechtigkeit im Kosmos wiederhergestellt, das von der schlecht genutzten Freiheit verletzt wurde. So verhalten wir uns Gott gegenüber, wie Christus sich am Kreuz dem Vater gegenüber verhalten hat, von dem er sich auf dem Höhepunkt seines Leidens verlassen fühlte. Also leiden, und trotzdem Hingabe an den Willen Gottes: „Vater, in deine Hände lege ich meinen Geist." Das ist eine fruchtbringende Haltung. Sie kostet schreckliche Schmerzen, Einsamkeit und Verlassenheit, wenn auch nur für einen Augenblick und nur scheinbar, Verlassenheit von Gott, das heißt vom Sein. Aber es führt zu einer tieferen Vereinigung unseres Lebens mit *seinem* Leben, unseres Daseins mit *seinem* Sein. Man wird zu einem neuen Leben geboren, gerade wenn man zu sterben scheint.

20. Juli – Es ist nicht wahr, daß die Menschen dich im Stich lassen. Sie folgen der Schwerkraft des Ewigen und ziehen sich zurück, damit *er* kommen kann – er allein, er der Einzige. Und er möchte den Menschen allein: *Solus cum sola* – Gott allein, allein mit der Seele. In diesem Zwiegespräch der Liebe beginnt für mich die ewige Jugend.

Wenn ich die kleinen Dinge in meinem Glaubensleben vernachlässige, wiege ich mich in der Illusion, das sei nicht von Bedeutung bei meinem Alter und bei meiner Bildung; solche Kleinigkeiten könnten mich wohl kaum von meinem Weg abbringen... Und doch öffnet diese Oberflächlichkeit dem Widersacher einen kleinen Spalt, um einzudringen und die Grundpfeiler des Glaubens und der Tugenden, die man für so unerschütterlich und gefestigt hielt, zu stürzen.

In dieser Verwirrung bemerkt man nicht, wie das Werk Gottes in uns zusammenbricht. Es scheint im Gegenteil, als sei dieser Abstieg ein Akt der Tugend. Ein betrügerisches Licht begleitet die Zerstörung und stellt sie hin als eine mystische Vertiefung, aber es ist ein Versinken in einen Abgrund.

Du rettest dich nur, wenn du dich vor Gott zu Nichts machst durch den Gehorsam gegenüber den Vorgesetzten, indem du *seinen,* d.h. ihren Willen zu dem deinen machst.

Ich war auf dem tiefsten Punkt einer seelischen Depression angelangt. Doch bald hat mich der Kontakt mit meinen Vorgesetzten wieder aufgerichtet und mich froh gemacht. Für jemanden, der sich Gott geweiht hat, sind seine Verantwortlichen wirklich die Brücke zum Himmel, die Verbindung zu Gott.

Ich entdeckte, daß ich wohl meinen Willen Gott übergeben hatte, aber wie Hananias und Saphira* hatte ich einen Teil zurückbehalten. Die Worte der Verantwortlichen haben mir klar gezeigt, wie schön es ist, alles für den Herrn zu verlieren, seinen Willen an die Stelle des meinen zu setzen, damit Gott durch den, der für mich Autorität ist, mit mir machen kann, was er will. Ich sage jeden Morgen: ,,Jesus, ich will dir so gehören, wie du es für gut hältst. Mach mit mir, was du willst.'' Dieses Gebet habe ich von meinem geistlichen Führer gelernt, aber jetzt erst verstehe ich, was es bedeutet. Es bedeutet Freiheit. Alles, was zur Welt gehört, bindet mich nicht mehr; Gott allein zählt. Jetzt fühle ich mich wirklich Gott geweiht. Ich gehöre ihm. Und er kann tun, was er will.

Wenn du etwas gegen jemanden hast, auch wenn bei dem anderen eine wirkliche Schuld vorliegt, bist du ganz sicher im Unrecht; denn du hast etwas *gegen* ihn: Die Liebe ist nie *gegen* jemanden. Die Liebe erleuchtet. Hast du aber etwas *gegen* jemanden, dann deshalb, weil du nicht siehst. Du siehst nicht einmal die Schuld jenes Menschen, denn wenn du sie sähest, würdest du weinen; du würdest alles tun, sie zu beseitigen.

---

* vgl. Apg 5,1–11.

Durch deine Liebe würdest du ihn von seiner Sünde befreien. Hast du etwas gegen jemanden, dann hast du etwas gegen Christus.

7. *August* – Das Leben erfordert einen Kunstgriff, das ständige Bemühen, nicht an das Leben zu denken, denn das Leben ängstigt. Daher rühren die Trunksucht und die Drogen, der Streß und auch die Auflehnung. Es ist ein Buch herausgekommen – und auch noch prämiert worden – das in aller Offenheit sagt: Es gibt keinen Ausweg, man kann nichts mehr glauben, man kann nur noch die Zeit totschlagen. Die Zeit totschlagen, das spiegelt sich in der Kunst, Literatur und Wissenschaft wider. Die großen Ideologien sind letzten Endes nichts anderes als ausgeklügelte Systeme, um die Massen zu betäuben.

Doch das Leben ist so reich an Geheimnissen und Schönheiten, daß man nicht umhin kann, an einen Urheber zu glauben, und die Erbärmlichkeit der äußeren Fassaden ist so offenkundig, daß man durch sie auf das einzig Wahre gestoßen wird.

Das trägt dazu bei, ich weiß es, dich zu isolieren. Du machst das Spiel nicht mit, und die anderen wollen dich nicht, sie beachten dich nicht mehr, für sie bist du verloren.

Daraus erklären sich die Einsiedeleien an den Hängen des Everest, des Athos oder des Monte Cassino, das Leben der Betrachtung und Beschauung. Sie setzen eine radikale Entscheidung voraus: entweder für das Leben oder für den Tod. Der Weg des Todes ist begleitet vom Geschrei, von Schreckgespenstern, Eitelkeiten, Lastern und vom Alkohol. Der Weg des Lebens ist die Realität: der Kreuzweg, aber er führt zur Auferstehung, und sie ist die endgültige Lösung des Problems unserer Freiheit. Jesus ist diesen Weg gegangen mit dem Blick zum Vater, in der Kraft der Liebe.

Und wer liebt, sieht Gott, er sieht ihn in jedem Bruder, den er liebt. Und je mehr er ihn liebt, desto mehr versenkt er sich in die

Kontemplation und gelangt in die Nähe Gottes, zu den Gipfeln, die ein Dante, eine Katharina, eine Teresa erreicht haben..., und so betrachtet er einen fernen Widerschein der unendlichen Größe Gottes. Stufenweise kommt der Mensch Gott näher und sieht ihn im Spiegel und Gleichnis.

Wer berührt durch die Weite des Meeres und des Firmaments an Gott denkt, dem steht zuerst die Unermeßlichkeit des Schöpfers der Milliarden Welten vor Augen, von denen die Erde nur ein winziges Teilchen ist. Und doch ist Gott für die Bewohner der Erde Mensch geworden. Um überall in seiner Schöpfung zu sein, macht er sich ganz klein. Er ist Liebe, und die Liebe macht sich mit dem Geliebten eins. Er wird Mensch mit den Menschen, ein Stück Brot zu ihrer Speise. Für Wesen anderer Welten wird er in seiner Phantasie andere Formen der Annäherung und der Einheit verwirklicht haben. Die Liebe kennt keine Grenzen.

In dieser Selbstentäußerung aus Liebe wird der unendliche Geist ein menschliches Wesen. Er wird Mensch, damit der Mensch Gott wird. So kommt der König zum Untertan, der Schöpfer zum Geschöpf, der Vater zum Sohn. Wunder der Liebe, die das Endliche dem Unendlichen angleicht und die uns zu Gästen macht, die sich im Unendlichen daheimfühlen.

Die Unermeßlichkeit zeigt sich manchmal wie ein unendliches Bollwerk. Die Sternbilder mit ihren Galaxien, mit Entfernungen von Millionen Lichtjahren, bilden eine Barriere, die so sehr von ihrem Urheber trennt, daß man nichts von ihm entdeckt – wenigstens scheint es so. Wir sind wie gefangen von Gleichgültigkeit und Unwissenheit, so daß das Leben der meisten Menschen – auch der berühmtesten – abläuft, als wenn es kein Ziel hätte, keine Richtung, keinen Sinn. Und viele nehmen sich das Leben, weil sie kein Motiv haben, weiterzumachen, und keine Instanz, vor der sie Rechenschaft ablegen müßten. In einer solchen Situation sagte der hl. Augustinus: „Was soll ich sagen, Herr, daß ich nicht weiß, woher ich gekommen bin in dieses Leben, von dem ich nicht weiß, ob ich es sterbliches Leben oder lebendigen Tod nennen soll."

Mich umgibt eine Welt des Materialismus und der Ideologien, die Gott in weite Ferne rückt. Aber ich spüre seine Unermeßlichkeit, die Mensch geworden, die Brot geworden ist, im Innern meiner Seele, in einem Punkt, so klein, daß er gar nicht zu existieren scheint, in meinem so außerordentlich dürftigen Erfahrungshorizont.

Ich wende mich in mein Inneres und höre auf *ihn;* ich lebe *ihn;* statt zwischen Sternen und Planeten beginnt im Grunde des Herzens ein Gespräch mit Gott. Und alle Sternbilder, Welten und Räume scheinen eine winzige äußere Beigabe zu dieser Realität zu sein: Gott in mir; der Ewige im Sterblichen; das Gute im Unverständigen.

24. September – Neunundsechzig Jahre: ein Ziel, das ich erreicht habe, ohne es zu merken. Ich versprach mir von diesen Jahren viele Dinge; aber die Früchte, die ich geerntet habe, sind andere als die erwarteten. Ich sehe, daß ich in meinem Leben Zerstörung und Schaden anrichtete, aber Gott macht es wieder neu und lebendig.

Eine Frucht, die mir geschenkt wurde, war die Einsamkeit: Schweigen und Stille, um mit *ihm* zu sprechen und bei *ihm* zu sein. Die Menschen haben sich von mir entfernt, aber in jeder Trennung kam *er* näher. Jetzt bleiben *er* und ich, das Alles und das Nichts, die Liebe und der Geliebte. Das Gespräch mit *ihm* wird nicht gestört vom Lärmen der Menschen und der Geschäfte. Wenn ich nun unter die Menschen zurückkehre, dann nur, um sie zu lieben, ohne auf Gegenliebe zu warten; nur, um zu dienen, ohne einen Gegendienst zu erwarten. Auch nicht von denen, die mir von Natur aus oder vom Glauben her am nächsten stehen – so nahe und doch so weit weg! So ist, was Vereinsamung unter den Menschen schien, ein Finden Gottes gewor den. Und in ihm finde ich die Engel und die Heiligen, von Maria bis zum letzten, der ins ewige Leben eingegangen ist. Es sah aus wie ein Zusammenbruch, es ist ein Aufstieg zum Himmel geworden, eine Befreiung, und nicht ein Verlorengehen.

Eine trübe Aggression wurde vom Widersacher in mir erweckt, indem er mir in grellem Licht den Undank und die Untreue von seiten der Menschen, denen ich meine Liebe und meinen Dienst geschenkt hatte, vor Augen führte. Aber ich will nicht, daß der Blick darauf mein Leben verdüstert und lähmt. Ich darf mich nicht dabei aufhalten, sonst nehmen diese Gefühle überhand.

Was ist die Undankbarkeit, die Bosheit von einigen menschlichen Geschöpfen gegenüber der beständigen Liebe Gottes, gegenüber der Schönheit Mariens, dem Schutz der Heiligen und der Gemeinschaft mit ihnen? Die Seele soll sich verlieren in der Freude, die nicht untergeht, die man nicht sieht, aber spürt, die nicht verspricht, aber hält; sich verlieren in der Größe statt im Elend, im Licht statt im Schatten, im Himmel statt auf der Erde. Meine geistlichen Probleme lösen sich, wenn ich sie im aufgehenden transparenten Licht der Demut Christi betrachte. Dann sehe ich sie im Licht Mariens, und die Schatten des Stolzes, des Zornes und der Eitelkeit lösen sich auf wie Nebel in der hellen Luft des Morgens.

Ab und zu scheint mir, mein *alter Mensch* sei endgültig tot. Aber er stirbt erst drei Tage nach meinem Begräbnis. Der *neue Mensch* verzichtet an einem Tag auf Prunk, Freundschaften und alle Eitelkeit. Den Tag darauf erhebt sich der *alte Mensch* wieder aus dem Grab, um Tränen zu vergießen über die verlorenen Ehren, Privilegien und Freundschaften.

Wenn aber das Versprechen gilt, das ich am Fest der Unbefleckten Empfängnis vor Jesus in der Eucharistie abgelegt habe, dann bin ich ein gottgeweihter Mensch, und das heißt, ich existiere für die Welt nicht mehr. Mein Wollen, mein Denken ist das Wollen und Denken meiner Vorgesetzten. Wenn sie mich zurückstellen und mich nicht beachten, ist es das Beste für mich. Ich werde um so mehr zu Gott aufsteigen, je mehr ich in den Augen der Welt sinke. Den *alten Menschen* sterben lassen bedeutet, den letzten Platz einnehmen, verborgen bleiben, schweigen. Gehorsam, Buße, Demut, das sind die drei Fundamente des Lebens, das Gott mir zugewiesen hat.

1. November – Einer meiner schönsten Tage. Mein Gesundheitszustand zwang mich, zu Hause zu bleiben, und zu Hause habe ich über Maria meditiert, und meine Seele wurde von ihr erfüllt, von Poesie, Schönheit, Reinheit und Jungfräulichkeit.

Heute ist das Fest Allerheiligen. Sie finden ihre Krönung und ihre Gemeinschaft in Maria, der „Mutter der Heiligen". Wo sie ist, da erfährt man die Gegenwart der Heiligen.

1964

Betrachtest du dich, siehst du nichts; schaust du auf den Bruder, entdeckst du Gott.

„Gott hat alle in den Ungehorsam eingeschlossen, um sich aller zu erbarmen" (Röm 11, 32).

Die Demut, die bis zum Nichtswerden geht, darf nicht gleichgesetzt werden mit Verworfenheit und Niedrigkeit. Sie ist die Haltung dessen, der sich mit der Liebe beschenken läßt, in der Würde und der Freiheit der Kinder Gottes. Der demütige Mensch wird vom Heiligen Geist erfüllt; der hochmütige Mensch wird von Eigenliebe erfüllt. Er dient nicht Gott, er dient sich selbst. Er liebt nicht, und darum verschenkt er sich nicht an die anderen; er liebt sich, und darum dient er, um etwas zu erreichen und um zu zerstören: Er dient sich selbst.

Die Demut ist höchste Tugend, sie ist das Fundament der Würde. Man kann sich nicht vorstellen, daß sich Maria feige und unterwürfig verhalten hätte, daß sie schmeichlerisch und falsch gewesen wäre. Die Feigheit ist das niedrigste Laster, sie ist die Anbetung des eigenen Ich.

Unsere Demut soll wie die Mariens sein, ohne Selbsttäuschung und Schwächen, und ohne jede Eitelkeit.

Oft ist das Laster nur eine Form von Dummheit. Wer schmeichelt, hofiert und sich erniedrigt, um Vorteile zu haben, der wird am Ende anekeln und Ablehnung erfahren, wo er sich anzubiedern sucht.

Dem Nächsten und den Vorgesetzten dienen, aber mit Würde und Zurückhaltung, dann ist es Liebe, sonst ist es entwürdigend. Der hl. Franz von Sales gibt als Norm: „Nichts verlangen, nichts verweigern." Dienen, aber nicht, um bedient zu werden.

12. Juli – Während dieser Monate ist das Gespräch mit Gott intensiver, innerlicher geworden. Nach und nach sind ringsum wie welke Blätter viele Überbleibsel der Eitelkeit gefallen. In mir hat sich eine Umkehr vollzogen. Während ich vor einem Jahr von der Erde zu Gott strebte, habe ich jetzt manchmal den Eindruck, von Gott her auf die Erde zu schauen: Das bedeutet, der Übergang ist geschehen, wenn auch mit Rückfällen. – Im Kontakt mit dem Göttlichen sind die menschlichen Gefühle geläutert worden. Ich liebe die Menschen, die mir teuer sind, nicht weniger als vorher. Ich liebe sie in Gott. Wohl leide ich nicht mehr so unter ihrer Abwesenheit, weil sich eine Einheit gebildet hat jenseits von Raum und Zeit. Die Natur, die mich umgibt, ist nicht mehr wie ein Sprungbrett, um mich zur Höhe emporzuheben; ich betrachte sie aus der Höhe wie ein funkelndes Meisterwerk des Ewigen. Mein Arbeitseifer hat sich gelegt, auch weil die physischen Kräfte nachgelassen haben und an ihre Stelle eine entspannte, lichtvolle Ruhe getreten ist, die dem klaren Himmel gleicht, der sich über das endlose Meer wölbt. Dem starken Wunsch des Konzils und der Enzyklika *Ecclesiam suam* Pauls VI. entsprechend ist mein soziales und priesterliches Bewußtsein gewachsen. Ich gebe froh und bereitwillig das Heilige in jede Tätigkeit des Tages hinein, gleichsam als hätte ich eine neue Dimension des Lebens entdeckt und das Geheimnis gefunden, in jedem Augenblick die Schranke des Schattens zu durchstoßen, die zwischen Gott und dem Menschen steht, zwischen Himmel und Erde, zwischen dem Ewigen und dem Begrenzten.
So wächst das Leben von Tag zu Tag. Es ist nicht mehr nur ein physiologischer Prozeß, in den Gespräche und Träumereien, Poesien und Lärm zwischengeschaltet werden... Nein, es ist

auch, und vor allem, ein Eindringen des Göttlichen in uns und eine Hereinnahme von uns in den Plan des Schöpfers, in den Willen des Richters, in die Liebe seines Wesens. Die Dinge der Welt sind Mittel und bereiten den Weg. Sie sind nicht das Leben, sie dienen ihm. Auch das Böse, auch die Feindschaften, auch der Tod lieber Menschen. Heute ist Eletto Folonari* gestorben. Für die, die mit ihm gelebt und ihn gekannt haben, ist dieser Tod wie eine Opfergabe für das Werk, dem er sich geweiht hatte. Im Licht der Ewigkeit, in dem er lebte, erscheint sein tragisches Hinscheiden wie eine besondere Bevorzugung: Weil Gott ihn besonders liebte, hat er ihn wie eine reife Frucht zu sich genommen, und im Himmel haben ihm die Heiligen und die Engel mit Maria sicher ein großes Fest bereitet und ihn unter sich aufgenommen.

Dieses Leben des Geistes, im Himmel und auf der Erde verbreitet, in ständiger Kontinuität, weil an jedem Ort, wenn Gott da ist, der Himmel ist – dieses Leben kann geleugnet werden unter dem Vorwand, daß der Chirurg ihm nicht begegnet unter seinem Skalpell und der Astronaut nicht auf seinem Flug! Was Geist ist, wird vom Geist wahrgenommen, dem sechsten Sinn, der die Wunder des Ewigen in der Zeit sammelt und sieht. Was wissen wir von den Organen des Menschen, das Göttliche zu erfassen, wo doch die Erfindung des Radars, der drahtlosen Telegrafie und des Fernsehens erst von gestern sind. Einige Menschen drangen schon tiefer ein in das Geheimnis Gottes: die Propheten, Maria, Paulus, Dante, Teresa, Augustinus, Franziskus... Aber alle Menschen können, wenn sie die trennenden Barrieren wegräumen, mit dem ewigen Leben in Verbindung kommen, und von daher Hilfen finden für ihr zeitliches Leben. Wer sucht, der findet.

---

* Eletto Folonari (1930–1964), Sohn einer italienischen Großindustriellenfamilie, gehörte seit 1953 zur Gemeinschaft der Fokolare und kam bei einem Badeunfall ums Leben.

Habe keine Angst mehr vor dem Schweigen. Man sucht das Schweigen, weil Gott darin wohnt und das Wort darin atmet. Die Betrübnis der vergangenen Jahre hat keinen Sinn mehr. Ich suchte die Gesellschaft der Menschen, und sie zogen sich zurück. Jetzt füllt sich die Leere mit Gott, und Gott ist ein Wegbegleiter, der einen nie im Stich läßt und nicht in die Irre gehen läßt. Seine Stimme erfüllt die Welten und die Seele... Was für eine Illusion war es, sie ersetzen zu wollen mit dem Lärmen von Schallplatten, Unterhaltungen, Motoren und Verkehr.

Dies ist das Geheimnis: Stille schaffen, vielleicht nur im Innern des Geistes, um das *Wort* zu hören wie Maria. Man hat dann keine Lust mehr zu schreiben oder zu sprechen. Man sehnt sich danach, jene Stimme zu hören, die die Welt durchdringt.

21. August – Immer mehr wird dieses Geheimnis klar und einfach, je mehr sich nach und nach die Seele läutert und die Dinge auf das Absolute bezieht. Gott allein; sich ihm hingeben. Alles übrige erhält man zurück, aber verwandelt. Jedes Ding ordnet sich ein an dem von Gott bestimmten Platz, wenn man es nur sieht aus dem Frieden dieser göttlichen Atmosphäre.

Gott ist nicht kompliziert, er ist einfach. Es sind keine schwierigen Dinge vonnöten, um ihn zu erreichen; man muß nur einfach sein. Darum finden ihn Frauen aus dem Volk und Kinder sofort, unmittelbar; manchmal schneller als die Theologen, denen die wechselhaften Stufen des Aufstiegs zu Gott bekannt sind. Die Wissenschaft hilft, aber sie genügt nicht. Es braucht die Liebe. Dann kann man mit Gott sprechen oder genauer, auf Gott hören, im Innern des Geistes, auch während der Arbeit. Das Schweigen des Himmels, der sich in uns aufgetan hat, verscheucht den Lärm.

Wenn wir auf die Wissenschaft warten wollten, um die Übernatur kennenzulernen, müßten wir vielleicht einige Millionen Jahre warten. Heute entdeckt man den primitiven Menschen der Zeit vor zwei Millionen Jahren. Zwei Millionen Jahre hat die Wissenschaft gebraucht, um den Atomkern zu entdecken; und noch immer vermag sie nicht, die Krebskrankheit in den Griff zu bekommen. Der Weg zu Gott führt nicht durch die Studiersäle der Wissenschaft, auch wenn diese immer Hilfen bieten kann – und das tut sie auch.

Die Bekehrung stellt sich darum dar als Kursänderung. Sie ist eine Rückkehr auf den richtigen Weg. Sie kommt von Gott und geht zu Gott, auf dem Weg der Prüfung. Ich fühle mich von Augenblick zu Augenblick mehr hingezogen zu *ihm,* der unerreichbar ist und doch nahe. Nahe, da ich jetzt schon beginne, in *ihm* zu sein. Früher schien mir die Einheit ein Leben *mit* Gott zu sein; jetzt scheint es mir, daß Einheit ein Leben *in* Gott ist, bis man *er* wird, natürlich in dem Maß, wie ein Kind Gottes einswerden kann mit dem Vater. Und doch, auch ein Tropfen im Ozean ist Ozean; auch eine Seele, dieses unendlich kleine Atom, wenn sie in Gott verloren ist, ist Gott durch Teilhabe. Diese Beziehung zieht sich durch alle Stufen des göttlichen Heilswerkes.

Wenn einer eins ist mit Maria, ist er eins mit den Engeln und Heiligen.

Dieselbe Einheit lebt man mit der Kirche. Ich stand früher in ihrem Dienst, ja, aber auch in Unabhängigkeit und oft mit Kritik. Jetzt bin ich *in* der Kirche: Ihr Gesetz ist mein Gesetz, und ihre Prüfungen sind meine Prüfungen.

Jetzt bin ich in Gott; ich bin Gott durch Teilhabe, und er ist die Freiheit, die Liebe, der Friede.

Gott an die Stelle des Ich setzen, den *neuen Menschen* an die Stelle des *alten,* das ist offensichtlich ein ungeheurer Gewinn. Daraus ergeben sich natürlich Folgen im menschlichen Zusammenleben, in den gesellschaftlichen, politischen und wirtschaftlichen Beziehungen. Um ein Beispiel anzuführen: Nie war ich so eins mit meiner Frau wie jetzt, nie war sie für mich so wie jetzt ein Abbild der Kirche. Ich bin mit ihr vereint in einer

Beziehung, die heilig geworden ist. Ich spüre, daß sich in dieser Beziehung die bräutliche Vereinigung Christi mit der Kirche zu realisieren beginnt.

Immer kommt man dabei, weil Gott einen dazu drängt, auf die Liebe zurück. Und lieben heißt: der andere werden. Der andere, das kann in der Welt der Andersdenkende, der Feind sein, ihn gibt es nicht mehr, denn aus zweien wird eins.

Ein Einswerden, das den Willen, das Gefühl, das Denken absorbiert, aber nicht die Person, denn es führt zum Dialog, einem Dialog, der die Basis des Vertrauens bildet. Dahin gehört auch das Gebet. Durch das Gebet fühlst du dich zugehörig zur Familie Gottes im Himmel und zum Haus von Nazaret auf der Erde. Dort ist Maria wirklich deine Mutter, sie die schönste, reinste und größte unter allen Müttern.

Sich Gott hingeben, bis man sagen kann: Ich existiere nicht mehr, es existiert ein Werkzeug des Willens Gottes, das erscheint denen, die nach menschlichem Ruhm trachten, wie eine Erniedrigung. Das ist es auch, aber ganz anders als sie es verstehen. Das Ich unterwirft sich Gott, und Gott schenkt dem Menschen die Teilhabe an seinem göttlichen Wesen. Und das bedeutet Freiheit, Kraft, Ende der Angst.

Jemand, der sich Gott geweiht hat, ist einer, der den Mut gehabt hat, die größte Revolution zu machen: sich von der Knechtschaft der Habsucht, der Eitelkeit und aller Triebe zu befreien, und das bewahrt ihn vor der Anpassung an die Maßstäbe der Welt. Er hat keine Furcht mehr, da er unter dem Schutz Gottes steht, und er tritt ein in die Heerschar Mariens und stellt sich so dem Bösen entgegen, das in Luzifer personifiziert ist. Er bleibt nicht passiv, sondern nimmt aktiv teil am Leben der streitenden Kirche. Katharina von Siena und Jeanne d'Arc waren Mystikerinnen; aber sie empfingen aus der Kontemplation den Anstoß zur Aktion. Die Verpflichtung, den Bruder zu lieben und ihm zu dienen, die sich aus dieser Weihe ergibt, scheint eine Erniedrigung zu sein; denn sie bringt den

Liebenden dazu, sich auf den letzten Platz zu stellen, sich zum Diener zu machen. In dem Paradox der christlichen Revolution ist die Freiheit das Freisein zu lieben, und lieben bedeutet dienen; also heißt Freiheit, sich zum Diener machen. Aber es ist ein ungezwungener Dienst, in voller Freiheit vollzogen, der höchste Akt des freien Willens. Wer ist freier als Vinzenz von Paul, der Diener der Armen, als Petrus Nolascus, Diener der Sklaven, der sich selbst als Sklave verkauft hat? Wer ist freier als die Gräfin Magdalena von Canossa, die im Elendsviertel San Zeno in Verona als Helferin arbeitete, sie, die aus einem Hause stammte, in dem Napoleon und die Habsburger Quartier genommen hatten?

Jesus, so frei, wie nur ein allmächtiger Gott frei sein kann, machte sich zu nichts, um Diener aller zu werden.

Die entgegengesetzte Haltung verwechselt Freiheit mit Anmaßung und meint die Macht ausnützen zu können, um eine möglichst große Zahl von Brüdern, freien Kindern Gottes, zu Sklaven zu machen. Der Gegensatz zur Liebe ist die Tyrannei. Entweder Gott oder der absolutistische Herr, entweder die Liebe oder die wirkliche Knechtschaft, die die Person auslöscht.

26. August – Ich habe viele Reden gehalten... Mir scheint, sie haben nicht viel gebracht. Letzten Endes geht es um etwas ganz Einfaches: Du steigst zu Gott auf, je mehr du unter die Menschen herabsteigst. Die Stufen sind Abtötung, Buße, Gehorsam, Demut und Selbstverleugnung.

Diese Wahrheit wird in allen Büchern der Aszetik unterstrichen. Aber um sie einem Laien in den Kopf zu bringen – einem Laien, der Jahrzehnte hindurch wer weiß wie auf seinen Ruf bedacht war, hochmütig und eitel –, dazu bedarf es einer ganz besonderen Anstrengung.

Ich habe mich von dieser Wahrheit auch durch den verkehrten Wunsch entfernt, das Ziel auf außergewöhnlichen Wegen zu erreichen. Der Teufel forderte Jesus auf, sich von der Zinne des Tempels zu stürzen, damit die Engel kämen und ihn auffingen... Wer sich zum Engel macht, sagte sinngemäß die hl. Teresa, macht sich zum Teufel.

Der Mensch geht zu Gott als Mensch; der Engel geht zu Gott als Engel. Dem Menschlichen das Göttliche hinzufügen ist etwas Heiliges; dem Menschlichen das Menschliche entziehen, um den Aufstieg zu Gott leichter zu machen, ist unmenschlich, und das Unmenschliche ist ein Abstieg zum Satanischen.

Erwarte dir also keine Ekstasen und Visionen. Das sind Gaben, die Gott gibt, wem er will. Erwarte dir, das Göttliche als Mensch zu leben und so dem Gott-Menschen nahezukommen, der, um uns entgegenzukommen, das Menschliche als Gott – d.h. gemäß seiner Natur – lebte. So geschieht die Begegnung zwischen Christus, dem Gott-Menschen, und dem vergöttlichten Menschen nach dem Beispiel Mariens. Sie verlangte nie danach, über ihre Natur hinauszugehen. Sie war Jungfrau, Verlobte, Ehefrau, Mutter und Witwe mit allen Lasten und Verpflichtungen ihres Standes in der Welt. Sie stieg zu Gott auf, weil sie den eigenen Willen dem Willen Gottes anglich, so daß sie eine Einheit wurden.

Darauf läßt sich auch das Geheimnis der Heiligkeit zurückführen. Da es um den Willen eines Gottes geht, der Liebe ist, bedeutet dieses Sich-Angleichen an den Willen Gottes nichts anderes als lieben. Das ist ganz einfach, wenn es auch nicht einfach auszuführen ist, und hat nichts mit Zauberei und Magie zu tun.

In der Liebe versteht man den Aufstieg und den Übergang zu Gott, denn die Liebe schreibt man dem Heiligen Geist zu; er war der Bräutigam der Gottesmutter.

In Gott gibt es weder Knechte noch Herren, weder Männer noch Frauen, und Maria kann, soweit es möglich ist, auch von Männern nachgeahmt werden. Sie gehört allen, sie hat gedient und dient Männern und Frauen. Sie ist die jungfräuliche Mutter Christi.

Auch ein Verheirateter, mag er reich sein an Sünden wie an Jahren, kann sich bekehren und jungfräulich werden im Geist. Und er wird es im Feuer der Liebe, wenn er sich mit dem Heiligen Geist vereinigt, dem Geist der Liebe. Dann kann die Seele, vereint mit Gott als ihrem Bräutigam – mit dem Geist Gottes –, der Gesellschaft Christus geben und die Kirche hervorbringen, den mystischen Christus. Bei diesem Werk wirkt man zusammen mit der heiligsten Dreifaltigkeit und rührt an die höchsten Gipfel.

Demütig werden, klein und sich verbergen wie Maria heißt auch, die günstigsten Voraussetzungen schaffen für das Gespräch mit Gott. Bisher war das Leben ein Gespräch, ja noch weniger: eine Auseinandersetzung mit den Menschen. Jetzt nehme ich dieses Gespräch wieder auf in Gemeinschaft mit Gott; und in dieser Gemeinschaft verstehe ich den Menschen und habe Nachsicht mit ihm.

So gesehen hat die direkte Beziehung zu Gott und die Beziehung zu Gott durch den Menschen keinen Sinn, wenn ich Gaben, Belohnungen, Dank und Liebe erwarte. Die Liebe führt nicht zu menschlicher Nähe, sie führt zu unmenschlicher Einsamkeit. Mitten in deinem Streben nach Heiligkeit findest du dich an einem bestimmten Punkt mit Jesus im Getsemani. Die Menschen, denen du Gutes getan hast, sind weit weg und schlafen, wie auch die Jünger schliefen. Du bist allein; und wenn du noch weiter gehst auf diesem Weg, wirst du unter dem Kreuz stehen, wo die Leute, für die du gelebt hast, dich verspotten. Man tut das Gute für Gott und nicht für den Menschen, aus Liebe zum Schöpfer, nicht um die Liebe der Geschöpfe zu gewinnen. Dann wirst du wie ein Kanal, durch den das Göttliche ins Menschliche eindringt.

12. Oktober – Es beeindruckt mich, die Freiheit von der Welt und von den Menschen zu erleben. Jetzt liebe ich die Menschen, aber in Gott, von Gott her. Das heißt, ich muß die Menschen nicht für mich, zu meinem Besten lieben, sondern zu ihrem Besten in Gott, für Gott. Man liebt Gott nicht, wenn man den Menschen nicht liebt, den Menschen, der ein Sakrament Gottes für uns ist. Ohne den Bruder kommt normalerweise Gott nicht zu mir. Wer kann mir die Freiheit, die Menschen zu lieben, nehmen? Nur daß solche Freiheit auch bedeutet, frei zu sein vom Menschen. Ihm dienen, aber ohne Unterwürfigkeit. Gott allein ist notwendig. Der Heilige in der heutigen Zeit braucht nicht unbedingt im Kloster zu leben. Man schließt sich nicht ab, sondern geht hinaus in die Welt und hat Kontakt mit den Menschen. Und wenn einer sie in Gott liebt, wenn er in allem den Willen Gottes tut, wenn die Liebe von Augenblick zu Augenblick seine Seele läutert, dann wird er jungfräulich.

Für den verheirateten Laien ist das gottgeweihte Leben anders. Er bindet sich an Gott, er ist ein Werkzeug Gottes, er lebt Gott. Und wie im Orden ist er durch ein Band gebunden, das der Klausur gleichkommt: durch den Gehorsam. Durch ihn ist er auch auf der Straße, bei der Arbeit und in der Freizeit an die Regel gebunden, an die Vorgesetzten und durch sie an Gott. Durch den Gehorsam steht er immer im Kontakt mit dem Heiligen.

1965

Du weißt, wie man leben sollte, aber du handelst nicht danach. Du lebst, wenn nicht du lebst, sondern Christus in dir. Und Christus nimmt Wohnung in dir, wenn du dein Ich beiseitestellst, dieses selbstgefällige, tönerne Götzenbild, in dem der Widersacher steckt.

Du weißt das. Warum urteilst du also über deine Vorgesetzten, über diejenigen, die dir den Willen Gottes zum Ausdruck bringen? Du verteidigst dein Ich vor vermeintlichen Zurücksetzungen, Kränkungen, Demütigungen und Mißverständnissen. Wie dumm bist du: Da liegt dein ganzer Kummer, die verlorene Zeit und deine Niedergeschlagenheit, die an Verzweiflung grenzt.

21. Juni – Der Baum wird immer kahler. Die Blüten sind verwelkt, die Früchte geerntet – waren sie jemandem nützlich? –, die Blätter sind gefallen, und man bricht die Zweige ab. Menschlich gesehen, wäre es zum Verzweifeln. Von oben her gesehen, bietet die Welt ein Schauspiel der Gewalttätigkeit, der Eigenliebe und Geltungssucht, der Geldgier und des Neides. Man könnte verzweifeln, wie es viele alte Menschen tun, die sich von einem Hochhaus hinabstürzen.

Doch von Gott her gesehen, besteht Hoffnung; mit dem Abnehmen des Menschlichen wächst Gott in uns; es ist wie ein Ausgleich zwischen Göttlichem und Menschlichem. Gott möchte alles für dich werden, bis der Tag kommt, an dem nicht mehr du lebst, sondern er in dir. Du gehörst ihm und er verwandelt dein Nichts.

22. Juni – Die geistige Arbeit hat noch Gewicht, das sehe ich an den Reden, den Schriften usw. Warum, dachte ich heute morgen, kann ich nicht mehr als Politiker, als Journalist und Schriftsteller arbeiten? Gott will diesen Teil meines Lebens für sich: Nicht die Politik, noch die Schriftstellerei und Journalistik sind der Wille Gottes für mich, sondern die Heiligkeit.

Es ist sein klarer Wille, und mit aller Kraft will ich ihn erfüllen.

21. Oktober – Fest der hl. Ursula. Meine Mutter, die diesen Namen trug, hat mir die himmlische Mutter nahegebracht und durch sie Jesus. Je größer diese Nähe wird, desto größer wird das Licht, in dem wir sehen, wie flüchtig die Dinge in der Finsternis der Selbstvergötzung und der Beweihräucherung des eigenen Ich sind.

So sehe ich wieder, zum soundsovielten Mal, daß die Wahrheit und Echtheit unseres Lebens auf dem Fundament der Demut ruht, und Demut ist Dienst an den Brüdern. Sie ist ein klares Licht, das Frieden und Freude bringt. Der Stolz hingegen verdunkelt, er bringt Verbitterung und Niedergeschlagenheit. In diesem Dunkel sieht man den Sinn der menschlichen Beziehungen nicht mehr. Der Vorgesetzte, der ein Bild Gottes sein soll, wird wie ein Despot, anstelle der Freude, ihm zu gehorchen, tritt Unmut und der Wille, sich freizumachen – um ins Nichts zu fallen, um in den Abgrund zu stürzen.

1966

Wenn dich nichts anderes mehr interessiert als nur die Ehre Gottes, wenn du die Augen der Seele öffnest und nur Gott im Himmel und die Menschen auf der Erde siehst, wenn du in keinem Augenblick dich selbst siehst – dann wirst du frei sein. Du wirst nicht mehr dir, dem Nichts, mit all seinem Ehrgeiz, den Begierden und Leidenschaften gehören, sondern dem Leben, der Ewigkeit, Gott, der dein Alles ist.

1968

Ich glaube, heute ist der 4. Januar. Ich bin ein Opfer der Grippeepidemie, ebenso wie meine Frau: 39 Grad Fieber.

Ich lese von der Theologie ohne Gott, vom Tod Gottes. Es ist ein Verdruß.

Ein Licht bleibt: die Kunst, die Gott bezeugt, und die Vernunft, die zu Gott führt, zum wahren Leben.

Was für einen Widerwillen verursachen einem diese eingebildeten Beschwörer des Todes! Sie wollen uns Gott nehmen, um uns zur Verzweiflung zu bringen über die Absurdität des Lebens. Erstaunlich ist nur die Phantasie des Menschen, so dunkle Schrecken hervorzubringen, um das Leben auszulöschen.

Zum Glück haben wir dich, Maria, die du immer wieder vor uns stehst, wenn wir in unserer Schwachheit gefallen sind.

Man sieht, daß die Stunde gekommen ist – für mich die letzte Gelegenheit, um nach dem Willen des Schöpfers zu leben:

1) Liebe geben, wo Gleichgültigkeit, Stolz, Dummheit, Verzweiflung und Trennung herrschen.

2) Sich ganz mit Gott vereinigen, mit seiner Liebe, ohne Vorbehalte, Hintergedanken und Kompromisse.

3) Lebendiges Bild und Zeugnis der lebendigen Kirche sein; Liebe, die in die Welt der Technik, Wirtschaft und Verwaltung eindringt.

Das Leben ist, wenn man es versteht und auszunutzen weiß, ein Aufstieg zum Göttlichen, ein ständiges Loslassen des Menschlichen, um allein zu sein mit Gott: Gott allein, allein mit der Seele. Wir beklagen uns, wenn wir unter den schönsten Ausflüchten verraten und im Stich gelassen werden, aber nur durch diese Vorbereitung auf die Begegnung mit Gott – in der Stunde, wenn endlich alle irdischen Sorgen ein Ende haben – kannst du mit dem Vater, mit dem Schöpfer, mit dem Ewigen und Unendlichen sprechen.

6. April – Passionswoche. Morgen ist Palmsonntag. Die Ereignisse bezeugen mehr denn je die Entäußerung von allem, was das Leben anziehend macht; sie weisen auf das Kreuz hin. Von dort oben her zieht *er* uns an sich. Und es wird Zeit für mich, mit Freude diese Teilnahme an seinem Tod anzunehmen, um an seiner Erlösung Anteil zu haben. Die Ereignisse offenbaren mein Elend, meine Armseligkeit; aber diese rechtfertigt das Kreuz, wo ich allein mit Christus bin.
Leben bedeutet Sich-Öffnen; sterben bedeutet Sich-Verschließen. Wenn das Samenkorn nicht stirbt, d. h., wenn es sich nicht entwickelt, aufblüht und Frucht bringt, stirbt es. Und der Mensch stirbt, weil er die Zeit damit verbringt, um sich selbst zu kreisen. Er verschließt sich in sich selbst und erstickt unter Qualen. Er lebt, wenn er sich in der Liebe entfaltet und nicht mehr an sich selbst denkt, sondern an den Nächsten, in dem er das Ebenbild Gottes sieht. Und in Gott, der Leben ist, wird auch er leben.
All meine Angst rührt daher, daß ich mich in mich selbst verschließe, während draußen das Universum ist: Gott, die Schönheit, die Freude und das Leben.

7. Mai – Der Herr hat mir eine Lektion erteilt, in der Liebe und Strenge sich verbinden. Ich glaubte einige – wenn auch bescheidene – Fortschritte gemacht zu haben und eine gewisse Sicherheit gefunden zu haben. Und nun bin ich ganz erbärmlich durch einen Zornausbruch zu Fall gekommen. Wenn ich wirklich vorangekommen bin, dann sehe ich jetzt, daß jeder Fortschritt im geistlichen Leben auch wachsende Gefahr bedeutet: Mit der Tugend wächst auch die Versuchung. Man kann einwenden, daß Gott seine Heiligen besonders schützt, aber der Widersacher ist auch da, und er legt es an auf die Tugend, die man erworben hat. Fazit: Ohne Gottes Hilfe sind wir nichts.

1. Dezember – Wenn einer nicht glauben will, ist er frei, das zu tun. Gott hat dem Menschen das Siegel seiner Größe eingeprägt, indem er ihn als freies Wesen erschuf. Er muß nur lernen, die Freiheit zu gebrauchen als Freiheit vom Bösen und nicht als Freiheit vom Guten. Der Mensch in Gott ist frei zu lieben, und d.h. zu leben; gegenüber Gott ist er frei, das Böse zu tun, und d.h. zu sterben.

Wer sucht, der findet. Wer Gott sucht, der findet ihn. Wer auf seine Stimme achtet, der hört ihn. Seine Stimme lehrt uns, ständig die gängigen Meinungen auf den Kopf zu stellen und Menschen und Dinge zu sehen nach dem Plan, den Gott mit ihnen hat, und der heißt Unsterblichkeit und Schönheit.

Die Krankheit ist eine Heimsuchung. Wer sie annimmt, für den wird sie zu einem Prozeß der Läuterung, und er kann damit einen Beitrag leisten zum Leiden Christi.

Wenn du einen undankbaren und haßerfüllten Menschen mit den Augen seines und meines Vaters anschaust, dann wird er ein Bruder, der Hilfe braucht. Wenn du Beleidigungen im Licht des Vaters betrachtest, dann geben sie dir die Möglichkeit, zu leiden und zu vergeben und damit einen Fortschritt im geistlichen Leben zu machen, der sonst vielleicht Jahre des Bemühens gebraucht hätte.

Gott zeigt uns die andere Seite der Dinge, wie er sie sieht. Das Böse wird in Gutes verwandelt, der Schmerz in Liebe, die menschliche Einsamkeit in ein Gespräch mit den Engeln und Heiligen, mit Maria und mit dem dreifaltigen Gott. Das Gefängnis verwandelt sich in göttliche Freiheit. Die Not verwandelt sich in Hingabe an Gott. Die Armut wird Reichtum, die Schande wird zur Ehre, die Dunkelheit erfüllt sich mit Licht. Jene, die uns mit Bosheit zu übermächtigen schienen, werden unsere Mitarbeiter und unfreiwillige Ursache unserer Heiligkeit. Die Häßlichkeit wird zu Schönheit, das Unglück ein Zugang zur Gnade. Die Geschichte mit ihren Kriegen und Kämpfen, mit ihren Epidemien und Krankheiten, und auch die Natur mit ihren Früchten, Bodenschätzen und Energien bereiten das Kommen des Heiligen Geistes vor. Und man sieht, daß die ganze Schöpfung, wie es der hl. Paulus sagt, danach verlangt, in Christus zusammengefaßt zu werden zur endgültigen Verschmelzung von Göttlichem und Menschlichem, von Himmel und Erde, von Materie und Geist.

Wer nur die irdische Seite betrachtet, die hinfällige, negative Seite des Diesseits, des rein Menschlichen, verzichtet auf die größte Dimension des menschlichen Lebens. Letztlich ist er nur eine Beute des Todes, dessen Helfer Menschen und Ereignisse sind.

Bald ist Weihnachten. Für den einen, der nur menschlich sieht, kommen Kälte, Dunkelheit und Not. Für den, der mit den Augen Gottes sieht, ist die Erlösung nahe, und das bedeutet Freude, Leben, Vergöttlichung.

Weihnachten zeigt uns den Widerspruch, in dem die Menschheit erlöst wurde. Weihnachten offenbart das Wirken Gottes, der aus einem Stall die Wohnung des Ewigen macht, wo sich Reinheit und Schönheit begegnen. So kann der Gott-Mensch auch in der Armseligkeit des Herzens eines alten Menschen zur Welt kommen, der, wenn er will, ein Tempel des Heiligen Geistes werden kann und einstimmt in den Lobpreis der Engel.

Alfred Bengsch
DIE HOFFNUNG
DARF NICHT STERBEN
Tagebuch 1940–1950
Ausgewählt und
herausgegeben
von Leo Bernhard

184 Seiten, kartoniert;
mit vielen Fotos
ISBN 3-87996-121-2

Eine kostbare Erinnerung an den großen Bischof und Kardinal der Weltkirche: Tagebuchaufzeichnungen des Studenten und Soldaten Alfred Bengsch aus dem bewegten Jahrzehnt, in dem er sich auf seinen Dienst als Priester vorbereitete. Sie geben Zeugnis davon, daß die Hoffnung und das Leben stärker sind als Tod und Vernichtung. Diese Hoffnung war die Kraftquelle des angehenden Priesters, das Leitmotiv seines ganzen Lebens als Christ und Bischof. Das Buch ist über seinen geistlichen Gehalt hinaus ein Dokument von zeitgeschichtlicher Bedeutung.

,,Es ist kaum zu ermessen, wieviel Kardinal Bengsch für Christus und die Kirche in seinem Bistum und weit über sein Bistum hinaus in der Kraft der Liebe Christi gewirkt hat. Er hatte einen unbeugsamen Glauben an die Liebe Christi, und aus diesem Glauben konnte er unerschrocken den Weg weisen, aber ebenso in Verstehen und Güte Menschen stärken und aufrichten.''

Johannes Paul II.

VERLAG NEUE STADT   MÜNCHEN ZÜRICH WIEN